Wiglaf Droste – Auf sie mit Idyll

Edition
TIAMAT
Deutsche Erstveröffentlichung
1. Auflage: Berlin 2011
© Verlag Klaus Bittermann
www.edition-tiamat.de
Buchumschlagsfoto: Erik Heier
ISBN: 978-3-89320-145-7

Wiglaf Droste

Auf sie mit Idyll

Die schöne Welt der Musenwunder

Mit einer Gastgeschichte von
Rayk Wieland

und zwei Bildern von
Jamiri

**Critica
Diabolis
177**

**Edition
TIAMAT**

für H.

Jesus und die Lärmbolde

Ostersamstag war Anbaden, im Großen Zermittensee, nordwestlich von Rheinsberg. Ein erster Versuch, im Großen Patschsee schwimmen zu gehen, war wenige Stunden zuvor gescheitert; der Patschsee ist moorig und modrig, bis tief über die Knie war ich in schwarzen Schlick eingesunken. Kein angenehmes Gefühl, in glibschigem Schmadder zu stehen, und die Sumpf- und Faulgase, die aus dem schmandigen Untergrund aufstiegen, ließen die Phantasie erst recht in unschöne Gefilde schweifen. Was oder wer dort unten wohl alles lag? Wasserleichen? Ertrunkene und Hingemeuchelte aus sieben Jahrhunderten? Mich schauderte; ich sah zu, dass ich Land gewann und machte, unter dem fröhlich entenschnattrigen Gelächter meiner Liebsten, dass ich aus dem Wasser kam.

Die Schrecken, die sich aus der Vorstellungskraft speisen, waren vergessen, als wir in den Zermittensee glitten. Kühl war es, erquickend, und dann bald kneifend kalt – aber endlich war die persönliche Badesaison eröffnet. Das erste Bad des Jahres in einem freien Gewässer ist immer etwas Besonderes – eine Taufe ohne christliches Gedöns, eine Verheißung des Sommers und eines freien, ungezwungenen Lebens. Auf zwei frisch erworbenen *Diamant*-Rädern zischten wir durch Wald und Flur retour nach Rheinsberg, den Fischen entgegen, die just für uns aus dem Wasser gezogen worden waren:

Maräne, Aal und Zander,
legt euch zueinander!
Macht ruhig etwas schneller,
ja, kommt auf diesen Teller!

So saßen wir in der Abendsonne und ließen's uns wohl sein wie im Grimmschen Märchen. Die Feiertage hatten Touristen ins Städtchen gespült, die Gastronomen zeigten sich vorbereitet und hatten ihre Angebote mit Kreide auf große Tafeln geschrieben. Mancher Offerte waren die Worte »Für unsere Senioren« vorangestellt – das Wort »unsere« hat in diesem Zusammenhang einen etwas herabsetzenden Klang: als erwarte man entmündigungsreife Rollatorengeschwader, die es abzufüttern und anschließend zügig zurück ins Heim zu schicken gilt.

Zwar umhüllt den Touristen als solchen oft etwas Dämmriges, wenn er, in Gruppe oder Tross, herumtrottelt und die Welt mit sich vollmacht und verstopft. Doch tritt gerade der Seniortourist bevorzugt demonstrativ sportlich auf, um seine Hinfälligkeit nicht nur vor den anderen, sondern besonders vor sich selbst zu verbergen. Dutzendfach kann man an einem Wochenende jugendlich sportiv gewandete Fitnessrentner auf Hochleistungsrädern herumjagen sehen. Knotenwadig lassen sie die Kränze ihrer Kettenschaltungen knacken und zeigen eine hochtrainierte Virilität vor, die niemand mehr von ihnen möchte, auch nicht geschenkt.

Doch die christlichen Feiertage haben auch ihre guten Seiten. Zwar tobt das Reisebusunwesen, andere Quellen der Unbill aber versiegen zumindest temporär. Bauarbeiter, also Trommelfellterror verbreitende Lärmlinge, müssen feiertags innehalten.

Bauarbeiter sind die Helden von vier- bis sechsjährigen Jungs, eben weil sie lärmen und Krach machen können, wie es ihnen gefällt, und weil ihnen dazu sämtliche Folterwerkzeuge zur Verfügung stehen. Wer auf dem Entwicklungsstand eines Vier- bis Sechsjährigen hängen bleibt, wird dann idealerweise selbst Bauarbeiter; so kann er sich Tag für Tag eine Freude machen.

Jede Frau weiß, wie anstrengend und nervtötend baggernde Männer sind; sie machen so viel Wind und Geräusch, sie drücken auf die Tube und geben keine Ruhe.

Bauarbeiter aber, die mit einem veritablen Bagger herumbaggern, ziehen nicht nur das weibliche Geschlecht in Mitleidenschaft, sondern unisono alle. Dem akustischen Schrecken fügen sie optischen hinzu, indem sie in Sichtweite anderer ihre Dixi-Toiletten aufstellen, zu denen sie dann ihre Maurerdekolletees schleppen, von deren Existenz sie andere so gern in Kenntnis setzen.

Unter den Bauarbeitern nimmt der Gerüstbauer eine gesonderte Stellung ein. Er ist noch zeigefreudiger als seine Kollegen; wenn er auf dem Gerüst herumturnt, muss jede und jeder ihn sehen, ihn und seine Prachtpakete, und damit auch alle zusammenzuckend hinschauen, schmeißt der Gerüstbauer sein Gestänge durch die Welt und lässt es scheppernd herniederkrachen.

Es kam der Tag, an dem sie mich mit dem Rücken zur Wand hatten. Von allen vier Seiten war das Haus eingerüstet, unten wurden die Fundamente freigelegt, zu welchem Zwecke Metallverblendungen weggeflext werden mussten, und eine weitere Abordnung von Krachschlägern kletterte aufs Dach, um mir von oben zu kommen, denn der Augenblick schien gut gewählt, auch im Kamin einmal nach dem Rechten zu sehen und auch dort gleichermaßen sinnfern wie geräuschvoll herumzumocheln. Die Kräfte, die ich hatte aufbringen können, um meine Trommelfelle von innen zu verstülpen, waren versiegt. Ich griff zur Waffe des Dichters und schrieb den Satz »Der Gerüstbauer ist ein Irrtum der Evolution« auf ein Blatt Papier, das am Gerüst hing. Und wartete ab.

Nach nur fünf Tagen hatten die Fachleute für das Ohrenbohren sich offenbar durch den Text hindurchgefriemelt und rückten an. Es klingelte; eine Abordnung Gerüstbauer stand in der Tür, vier Mann breit und hoch, allesamt ordentliche Kanten und Humpen. Ihr Anführer zeigte auf das Papier am Gerüst und sprach im zarten Argot der Brandenburger: »Watt soll'n ditte?«

Sagenhaft, dachte ich; der Gerüstbauer kennt das Wort Evolution und seine Bedeutung, hat sich jedoch entschlossen, nicht an ihr teilzunehmen. Das aber sagte ich nicht, sondern äußerte mich eher allgemein über Arbeit, die Lärm erzeugt und solche, die bei Lärm zu verrichten unmöglich ist.

Beiderseits unbeschadet gingen die Gerüstbauer und ich auseinander, und in der folgenden Zeit zeigte ich mich hochgradig sensibilisiert für das Leben der Gerüstbauer. Ich entdeckte eine Brandenburger Gerüstbaufirma mit dem Namen »Peiniger Rö Ro« – wobei »Rö« und »Ro« allerdings nicht für Röhren und Rohre steht, sondern für röhrende Rohheit. Der aber hin und wieder Grenzen gesetzt werden: Zu Ostern müssen selbst Gerüstbauer schweigen. So gesehen ist Jesus nicht völlig umsonst gestorben.

Schon am Dienstag nach Ostern allerdings traten sie samt und sonders wieder an, die Lärmbolde und Dixi-Toilettisten. In meinem Herzen und in der Natur habe ich einen Platz für sie gefunden: den Großen Patschsee. Das Hohe Lied des Moores will ich singen. Erst wenn der letzte Bauarbeiter und der letzte Gerüstbauer Heimat genommen haben im tiefen, modrigen Grund, werden wir mit Friedrich Schiller sagen können: Das Moor hat seine Schuldigkeit getan, das Moor kann gehen.

P.S. In einer ersten Fassung hatte ich das Zitat von Mohr und Schuldigkeit noch William Shakespeare und seinem Drama »Othello« zugeschrieben. Es stammt aber aus Friedrich Schillers »Verschwörung des Fiesco« – von dessen Existenz ich nicht einmal Kenntnis hatte und mit »Fiesco« auch gar nichts assoziierte; allenfalls hätte ich es für ein verzichtbares Produkt des gleichfalls überflüssigen Autoherstellers Ford gehalten. So ist das mit den Bildungsdebatten in Deutschland: Der Anwurf gegen andere, ihre Bildung sei mangelhaft, fällt immer auf den Anwerfenden selbst zurück, und der steht dann da wie ein begossener Gerüstbauer.

P.P.S. Eine Blende zum glücklichen Ende: Mit Hilfe eines Freundes gelang es mir, die abscheuliche Dixi-

Toilette aus meiner Optik zu entfernen. Eines Nachts drangen wir auf das Gelände der Baustelle ein, packten das blaue Ungetüm, vandalierten es jedoch nicht, sondern trugen es hinfort und versorgten es hinter einen Mauervorsprung. Und während wir das taten, sangen wir ein altes Lied: »The night they drove Old Dixi(e) down...«

Später, als wir den Sieg über optische wie olfaktorische Niedertacht mit einem starken Rouge feierten, erklärten wir uns auch die Herkunft des Wortes »Dixi-Toilette«; ersonnen wurde die optische und olfaktorische Grausamkeit beim Dixieland-Festival in Dresden, von drei Herren in Lederwesten, die schon ihr Lebtag Zwangsfrohsinn mit Musik verwechselten und auf der Suche waren nach etwas, das zu ihnen und ihrer Mucke passte, das ihnen Abbild und Sinbild zugleich war. Dixi – da hatten sie es. Bebop-Toiletten heißen die Stinkbuden schließlich nicht.

Restgast in der Ochsenreuse

Schöner sprechen mit Scrabble

Dass Zahlen nicht nur zum Rechnen taugen, sondern auch bestens zum Spielen geeignet sind, weiß man von Goethe genauso wie von Astrid Lindgren. »Zwei mal drei macht vier, widdewiddewitt und drei macht neune«, singt Pippi Langstrumpf, und auch im »Hexen-Einmaleins« geht es arithmetisch ziemlich strubbelig zu: »Aus eins mach zehn, und zwei lass gehn, und drei mach gleich, so bist du reich (…) und neun ist eins, und zehn ist keins.« Das mag der Taschenrechnersorte Mensch nicht korrekt erscheinen, doch der magische Mehrwert ist unbestreitbar.

Ich schlenkerte durch Leipzig und gab dem Zahlenteufel Auslauf. Halblaut rechnete ich vor mich hin: »Leipzig ist eine ganz erstaunliche Stadt. Sie hat 500 000 Einwohner, und nur zwei Millionen von ihnen sind Helden.« Das geschah am 9. Oktober 2009. Vier Wochen lang zählten die Leipziger die Rechnung mit den Fingern nach: »Hümmsendrümmsen … 500 000 minus zwei Millionen … zehn im Sinn … einen runtergeholt … nichts im Sinn … Also wie jetzt …?«

Als sie drauf kamen, nahmen sie's mir übel. Sodass ich am 9. November lieber nach Berlin ausbüxte – wo am Brandenburger Tor Domino gespielt wurde: Kippende Dominosteine sollten den Fall der Mauer symbolisieren. Ach du grüne Neune; warum nicht gleich Mau-Mau für Mauerspechte? Ich sah den Jubelberlinern bei ihren olympisch infantilen Spielen zu und rechnete kühl: »Der 9. November 1989 war das Nine-eleven der Deutschen. Sie haben es nur noch nicht gemerkt.«

Das mochten die Berliner nicht hören; ich machte, dass ich fortkam, und dachte über weniger gefährliches Spielzeug nach. Schön sollte es allerdings auch sein. Vielleicht sind Buchstaben harmloser als Zahlen? Man muss ja nicht das Gestammel aus den Zeitungen mühsam ins Deutsche buchstabieren, man kann doch Schabernack damit treiben, al gusto beziehungsweise al gut so.

Zu diesem Zweck ist mitunter ein Spiel mit dem englischen Namen ›Scrabble‹ hilfreich. Wenn ich meine Eltern besuche, ist es nur eine Frage der Zeit, bis meine Mutter verkündet: »Scrabble ist für alte Damen / eines von den schönsten Dramen.« Dann kommen das Brett und der Beutel mit den Buchstabenplättchen auf den Tisch, und los geht es.

Das heißt, es könnte losgehen, wenn Mutter nicht Mutter wäre. Mutter spielt fürchterlich, sie will immer gewinnen, unbedingt. Hat das Spiel begonnen, kuckt sie kniepig – und verzögert. Zaudernd wandert ihr Blick von den gezogenen Buchstaben aufs Spielfeld, wendet sich dann nach innen und verjüngt sich ins Tragödische. Zwischen den Ohren springt die Rechenmaschine an und rattert fast hörbar, die Lippen schmackern beim Durchzählen der Buchstaben- und Wortwerte, der Kopf wiegt beim Wägen von Für und Wider auf und ab und pendelt hin und her. »Komm, erstes Wort«, drängele ich und drohe: »Sonst lege ich gleich WACKELDACKEL.«

»Das kannst du gar nicht«, erwidert Mutter und schenkt mir den bösen Blick, der mir dafür ja auch zukommt. »Viel zu viele Buchstaben«, sagt sie noch spitz – und entscheidet sich aber endlich, ein erstes Wort zu legen. Mit einem Blick, in dem sie alle Vergeblichkeit von Welt und Sein zu einen weiß, legt sie es aus, obwohl es ihr nicht viele Punkte einbringt: REST. Ist es der Rest, den sie mir mit ihrem Zögern schon vor dem ersten Spielzug beinahe gegeben hätte? Nein, dieser Rest ist prima, denn ich kann ihn zu RESTGAST ergänzen.

»Restgast?«, fragt Mutter streng. »Was soll das sein?« – »Na, der zähe Restgast, der Gottseibeiuns der Gastronomie«, erkläre ich. »Der Kerl, der nachts um drei noch am Tresen hängt und partout nicht gehen will. Das ist der Restgast.«

Mutter lässt das nicht gelten: »Das ist frei erfunden. Und außerdem steht Restgast garantiert nicht im Duden.« – »Duden, Duden, was willst duden?«, gebe ich albern zurück und frohlocke: »Aber im Gebetbuch steht es. Du kennst es selber: ›Komm, Herr Jesus, und sei unser Restgast …‹«

Mutter lächelt milde und ist kein bisschen überzeugt: »Nein, Restgast gibt es nicht.« Menno, denke ich und antworte entschlossen: »Scrabble heißt als Verb zwar kritzeln, krabbeln, kratzen, scharren, suchen, sich abmühen, sich plagen und abrackern, aber das muss hier doch keine mühsame Scharrerei werden. Ich schlage dir Folgendes vor: Ich darf den Restgast legen, aber die Punkte bekommst du. Dann hast du deine Additionstriumphe, und ich habe meinen Spaß.« Der Restgast gefällt Mutter zwar immer noch nicht, aber die Punkte …! Sie willigt ein.

Endlich also kann man spielen. Wo es MUSIK gibt, da gibt es auch KÄSMUSIK, wer hätte sie nicht schon selbst gehört und dann das Radio erschossen? Apropos: Wenn das Radio in den Nachrichten ganz ernsthaft Wörter wie »Wesentlichkeitsschwelle« ausspuckt, dann kann auf dem Scrabble-Tisch aus einem ASYL leicht ein ASYLCHRIST werden, da ist der Schaden vergleichsweise geringer und die dazugehörige Freude größer. Mutter stöhnt, schreibt sich aber mit gleichermaßen rollenden wie eben auch glitzernden Augen die Punkte gut.

Wo es TOFU gibt, da gibt es auch TOFUKNÄSTE, das ist ein anderes Wort für Veganläden, an denen »Veni, Vegi, Vici« steht. Das Bild eines Berliner Jungvaters schiebt sich vors Auge, der mit seinem zweijährigen Sohn nichts Schönes unternimmt, sondern ihm eine Diskussion aufdrückt: »Wollen wir im Veganladen Saft kaufen?« Die Reaktion des Zweijährigen ist erfreulich klar und kraftvoll: »Neiiiiin!«, schreit er – und meint damit den Veganladen genauso wie seinen charakterfernen Vater.

Zu dem allerdings Mutters OCHSEN gut passen, aus denen anschließend eine OCHSENREUSE wird; als Mutter die Brauen hochziehen will, erkläre ich schnell den Nutzen dieses Geräts: »Damit kann man Quälgeister wegfangen. Zum Beispiel die Puhdys, die passen da rein, alle in eine Ochsenreuse.«

Ich gebe zu, dass es sich bei den Puhdys mittlerweile um eine eher museale Belästigung handelt. Es gibt dergleichen mannigfach in jüngerer Ausführung; denken Sie nur einmal an den Mannheimer Wimmerschinken. Oder an die Zeilen »Gib mir ein kleines bisschen Sicherheit …« Man fragt sich schon, in welcher psychischen Beschaffenheit junge Menschen unterwegs sind, die sich solch gehirngewaschen wolfgangschäublischsicherheitsarchitektonisch paranoiden Zeilen ausdenken, freiwillig anhören oder mitsingen: »Gib mir ein kleines bisschen Sicherheit …« Wer wünscht sich da in den Seelenzustand der Sicherungsverwahrung hinein, und warum nur? Dass die Band »Silbermond«, deren Sängerin diese Zeile entquillt, aus Bautzen stammt, einer Stadt, die jahrzehntelang eine ganz eigene Definition von Sicherheit prägte, mag als Erklärung für ihr unwürdiges Betteln und Barmen nach Sicherheit vorläufig genügen.

Mutter kennt die Puhdys nicht, sie hat noch niemals etwas von diesen Leuten läuten gehört, geschweige denn ein Lied. Mutter hat es gut, denke ich, und sie findet das auch; sie hat schließlich haushoch gewonnen.

In der nächsten Partie wächst die MEISE zur ALTERSMEISE heran, die im ALTERSMEISENKASTEN ein Zuhause findet. Und wenn es ein ALTERSHEIM gibt, das im Beschönigungsjargon »Seniorenstift« genannt wird, dann muss es auch ein ALTERSHEIMKIND geben. Mutter sieht das ein und akzeptiert auch die Abkürzung für Intelligenzquotienten: I-K-U-H, IKUH. Und ist der Greis auch manchmal schlapp, es grast der Geist die Weide ab.

Die Tierwelt ist ohnehin bestens geeignet, um schöpferisch tätig zu werden. So kann aus einem menschlichen ollen MUFFEL eine MUFFELENTE werden, der ein MUFFELENTERICH beigegeben wird. Der WURM wird zum LINDWURM aus der Sage – der dann mit einer nur ein Feld entfernten PASTE zu LINDWURMIPASTE kombiniert wird, zu Lindwurmipaste aus Italien, die sehr gut zu GUMMIPASTA passt. Und wer sagt denn, dass es keine TAUMELAMÖBE gibt? Dass man sie nicht kennt, gilt nicht als Argument – auch nicht beim INTIMLURCH, unter dem man sich allerdings eher einen öligen Herrn aus dem Reich der Menschen vorstellt, der sicher gern bei einer JESUITENQUEEN vor Anker ginge.

Wer Kunde der POST ist, kennt auch POSTDEBILE, und wo geLUDERt wird, fallen JETLUDER. Ohne jede Menge POSTDEBILE JETLUDER gäbe es Zeitschriften wie *Bunte*, *Focus*, *Gala* oder *Cicero* nicht. Dass gegen HUSTEN die Einnahme von HUSTENSAFT hilft, fand Mutter fast schon langweilig – weshalb ich ihr mit einem MÖSENHUSTENSAFT eine Freude machen wollte. Als ihr das jedoch zu weit ging, erläuterte ich höchst seriös, dass gerade in der kalten Jahreszeit an zugigen Bus- und Straßenbahnhaltestellen unter Mänteln und Röcken ein Mösenhusten deutlich zu vernehmen sei – »öch-öch« –, den es mit ärztlicher und pharmazeutischer Kunst zu lindern gelte. Allein die gigantische Punktzahl konnte Mutters Widerstand aufweichen.

Als ich aber eine RUNKELRÜBE in RUNKELRÜBEINTIM wandelte, halfen mir keine Eloquenz und keine Lüge mehr weiter. *Runkelrübe intim* sei eine Fachzeitschrift für den Landwirt von Welt, beteuerte ich zwar noch, sie, Mutter, solle nur einmal »Bauer sucht Frau« anschauen, da werde das Blatt beworben. Doch Mutter ließ sich nicht länger foppen. »Von so was verstehst du nichts«, beschied sie kategorisch. »Du hast doch gar keinen Fernseher.«

Treffer, versenkt. »Bauer sucht Frau« war ein Fehler. Es ist allein meine Schuld, dass die Zeitschrift *Runkelrübe intim* niemals das Licht dieser Welt erblicken wird.

Die Renaissance der Raucherecke

Am späteren Abend gleitet man durch die Stadt, magnetisch magisch schimmern Mond und Sterne, da und dort leuchtet eine Straßenlaterne, deren Widerschein zusätzliches Restlicht auf den Asphalt wirft. Weit sind Blick und Herz; man fühlt jenen spezifischen Trost, den nur die steinernen Städte spenden können. Den kühnen, klaren Linienwurf der Straßen möchte man auskosten und genießen – doch halt, was ist das? Die geraden Fronten der Häuser haben unförmige Ausstülpungen bekommen. Oder kleben Kokons an den Fassaden, wie gewaltige Spinnenbäuche, in denen Glühwürmchen wabern?

Tritt man näher, riecht man, was man sieht: Raucher, Raucher im Rudel, vor Häusern zusammengepulkt. Gastwirtschaften sind es zumeist, in deren Nähe Rauchende lungern. Dafür hat kein Städtebauer Straßenzüge und Trottoirs erdacht, dass Knäuel und Haufen die Blickachsen verstopfen.

Nota bene: Es ist nicht das Rauchen, das stört; es sind die Klumpen, zu denen die Rauchenden sich ballen. Selig und gepriesen oder doch wenigstens unkritisiert sei und bleibe der Einzelraucher. Aber alles, das den Menschen dazu bringt, als amorphe Masse aufzutreten, macht ihn zu einer Last für die Welt. Den Schrecken sportiver Massenveranstaltungen und der öffentlichen Religionsausübung ist nun auch noch das Draußenrauchen hinzugefügt.

Rauchen ist keine Angelegenheit der Gesundheit, sondern eine der Ästhetik. Bei manchen Menschen sieht es unniederringbar gut aus, wenn sie rauchen. Humphrey

Bogart und Lauren Bacall wären auch ohne ihre Filterlosen astrein gewesen – aber erst rauchend wurden sie Ikonen. Wie hinreißend war es, Peter Hacks ein Flüppchen nach dem anderen in seine Zigarettenspitze hineindrehen und ihn daran saugen zu sehen. Nicht allein, dass die Nikotinzufuhr seinen Geist sichtlich und hörbar scharf hielt, nahm mich für das Rauchen des Dichters ein; es war auch die Geste, mit der Glut der Zigarette in das Dunkel der Welt hinein zu leuchten.

Jede Zigarette, die Marlene Dietrich im Film rauchte, ist bis heute ein Gegengift, mit dem man gesundheitsschluffige Wellness-Tanten und das ihnen innewohnende Anödungspotential erfolgreich vertreiben kann. Ich kenne Frauen, die aus Protest gegen den Gesundheitsterror sogar während der Schwangerschaft mit einer allerdings nicht angezündeten Zigarette im Mundwinkel auf die Straße gehen, um zu demonstrieren, dass sie nicht bereit oder gewillt sind, von der Frau zum volksgesunden Muttertier herabzusinken. Werden sie mit aggressiven Blicken und Worten bedacht, und, o ja, das werden sie, kontern sie so kühl wie zuckersüß, sie rauchten ja gar nicht, sondern hielten sich nur bereit für die erste Zigarette »danach«. (Es ist immer wieder erstaunlich, wie viele Menschen in dem Aberglauben leben, Schwangere oder Frauen mit Kleinkindern dürften von jedermann angesprochen, belehrt und sogar angefasst werden, und die Frauen hätten das auch noch gern.)

Ich rauche so gut wie gar nicht, doch der Satz »Ich bin Nichtraucher!« käme mir nie über die Lippen. Das hat so etwas pedantisch Auftrumpfendes und präpotent nachdrücklich auf sich selbst Stolzes: »Ich bin Nichtraucher.« Ist Nichtrauchen ein Beruf? Oder bittet der Satz um Vergebung dafür, dass sein Sprecher sonst nichts kann? Warum sich mit einer Sache brüsten, die man nicht tut oder nicht beherrscht?

Doch auch Raucher geben Rätsel auf. Wenn man schon raucht – warum dann so etwas wie »Lord Ultra«? Nikotinfrei rauchen ist wie onanieren mit Kondom. Dass solche Verneinungen von Zigaretten nach abgebranntem Papiertaschentuch schmecken, kann jeder riechen, der in die Nähe eines *light* paffenden Rauchersimulanten gerät. Die paar Zigärrchen im Jahr, die ich mir gönne, halten mit ihrem erdigen Wumms die Erinnerung an Kuba wach. Und enthalten pro Dömmel auf einen Schlag soviel schöne Dröhnsubstanz wie vier Schachteln hastig und genusslos weggesogener Pseudozichten. Anderntags gilt dann wieder: Der Atemweg ist das Ziel.

Selbstverständlich ist bei Rauchern oft Sucht im Spiel; viele möchten nicht rauchen, müssen es aber tun, weil sie es ihrem Stoffwechsel und ihren Nerven einstmals beigebracht haben und sich nicht neu programmieren können. Einen sah ich, der hatte solchen Schmacht, dass er sich sein Nikotinpflaster von der Glatze riss, es zusammenrollte und aufrauchte. Denn es geht ja nicht nur um die bloße Aufnahme des ersehnten und dringend benötigten Stoffs, sondern auch um die orale Befriedigung des Jiepers.

Diese Befriedigung vollzieht sich nicht mehr privat oder im anheimelnden Milieu eines schönen Lokals, sondern schrappig draußen. Sodass es auf der Straße nicht nur schal und kneipig riecht, sondern vor allem unwürdig aussieht. Besonders arg ist es im Winter, wenn permanent auf und zu klappende Türen es ziehen lassen wie Hechtsuppe und die nach dem Stoß- und Zwangsrauchen wieder ins Innere zurück diffundierenden Draußenraucher den Hautgout von nassem Hund mitbringen, der in ihren Mänteln klebt und ihren Mündern entströmt. Lieber sollen sie drinnen sitzen und quarzen, wie sie es müssen. Dann könnte man, wenn es einem nicht passte, wenigstens selber hinausgehen – an eine frische Luft, wie es sie noch gab, bevor die Nichtraucherschutzverordnung in die Welt kam. Dort aber, draußen, herrscht unterdessen der Schrecken der Raucherecken: der gesellige Gestank.

Rauchen ist mir ziemlich egal; ich mag nur nicht, wenn

draußen pflichtgeraucht wird. Draußen kann man nicht lüften, denn draußen ist ja schon draußen.

Drinnen soll meinetwegen alles beraucht werden: Mann, Frau, Hund oder anderes Hausgetier, und bitte auch die Zimmerpflanze nicht vergessen. Für Kinder aber gilt die alte Eltern-, Pastoren- und Pädagogenregel:

> Kinder darf man schlagen, quälen und missbrauchen.
> Doch niemals darf man, wo ein Kind ist, rauchen.
> Dies gebietet schon der Humanismus.
> Nur wer selber kreuzigt, lebt in Christus.

Jesus aber, der erst auf Golgatha von seinen Folterern und Mördern zum Christus gemacht wurde, zum Gekreuzigten, Jesus hätte geraucht – jedenfalls so lange er noch eine Hand frei hatte.

Auch literaturhistorisch trägt die absurde Draußenrauchverordnung peinliche und rückschrittliche Züge – setzt sie doch den pathetischen Nachkriegsdichter Wolfgang Borchert wieder ins Recht:

> Ist es nicht schön, wenn man den Abend durch hat
> und nur noch fragt: zu dir oder zu mir?
> Doch alle Raucher heißen Wolfgang Borchert
> denn sie stehen draußen vor der Tür...

Happy bei »Happi-Happi«

Sie heißen »Futterluke«, »Brutzel-Baude«, »Bei Mampf-Fred« oder »Plocken-Otto«. Appetitanregend klingt das nicht, und doch sind die Imbissbuden des Landes gut besucht. Am Geruch, den sie üblicherweise weiträumig abstrahlen und ausdünsten, kann das auch nicht liegen – es sei denn, der Besucher liebte die Vorstellung, als nicht nur kurz mümmelndes, sondern ewig müffelndes Mufflon zu leben. Was macht die Grillstation attraktiv? Warum sieht man so viele Männer hartnäckig an der Imbissbude stehen? Was treibt sie an, wer treibt sie dorthin? Sind sie unbehaust? Werden sie von Einsamkeit ausgehöhlt, diesem bösen Tier, vor dem sie in die Geselligkeit der Frittenbude fliehen?

Vielleicht liegt die sirenenhafte Verlockungskraft der Bude aber im Gegenteil auch darin, dass sie nur ein ambulantes Zuhause bietet und nicht ein stationäres – in das so viele sich unbedacht selbst eingeliefert und abgekippt haben und aus dem sie, sobald die Erkenntnis ihrer Lage ihnen zuteil wurde, zu entweichen trachten? Nestflüchter sind viele unterwegs, vorwärts getrieben vom dringenden, oft lange aufgestauten Wunsch, dem allzu trauten Heim zu enteilen, sobald sich eine Gelegenheit dazu bietet. Und wie auch nicht? Der Bäcker bietet ein »Brot des Monats« an und hat ihm einen Namen gegeben: »Familienkruste«. Wer bei diesem bösen Wort mit F nicht Schrecken fühlt noch den Wunsch zu gehen, der fühlt nichts mehr, der hat es hinter sich. Familienkruste, das ist härter, als Kruppstahl je war oder sein könnte und gibt dem Menschen erst die Beine in die Hand.

Mancher flieht auch vor aggressiver kulinarischer Aufrüstung in die Einfachheit der Imbisswelt. Beim Kaufhallenhöker Rewe wird eine »Expedition Genuss« angedroht. Und was ist, wenn man einfach nur einkaufen möchte? Geht das noch, oder muss man dazu einen Tropenanzug anlegen? »Feine Welt« heißt »die neue Genuss-Marke« von Rewe; feilgehalten werden unter anderem Bio-Ravioli »für Besseresser«. Das klingt nicht nur nach antisozialer Kampfansage, das ist eine: »für Besseresser«. Da lassen ein paar gefüllte Nudeln die Muskeln spielen und führen sich auf wie die überdimensioniert dicken Autos Marke Omniprotz.

Die heiße Angeberluft kulinarischer Selbstaufblähung verströmt auch Jürgen Dollase. Was der einstige Krautrocker der Band Wallenstein für die *Frankfurter Allgemeine Zeitung* über Küchenkultur und Kulinarik schreibt, endet noch stets als rhetorischer Krautwickel: »Es ist die reine Entmaterialisierung des Aromas, eine so leichte Textur, dass man von der Befreiung des Aromas von den Lasten der Textur reden könnte.« Könnte, wenn man wöllte; aber nicht jeder liebt Crème de Schwall – von der Jürgen Dollase genug für alle im Kopf hat. Da er ohne den Humus des Humors durchs Leben kommen muss, mündet seine Verbissenheitskulinarik in unfreiwillige Komik. In seinen Texten gibt Dollase der Welt Sprach- und Bedeutungsrätsel auf; als er allerdings im Januar 2010 in der *FAZ* »Grünkohls Lobgesang« anstimmte, lieferte er die Lösung gleich im ersten Satz mit: »Auf der Suche nach Ansatzpunkten für eine verbesserte Akzeptanz der regionalen und traditionellen Küche in Deutschland scheint es immer wieder ein fehlendes Glied zu geben.«

Nun weiß die Welt, was Jürgen quält,
Weil es Dollase immer fehlt.

Vor Grünkohl mit feinem Pinkel nimmt man gern Reißaus. Und landet, wenn man Pech hat, bei Johann Lafer.

Im Verein mit der Porzellanfirma Villeroy & Boch heckte Lafer das Wortspiel »Essthetik« aus – mit »E« und Doppel-«s« – »Essthetik«. Allein dafür wird er dereinst in der Wortspielhölle schmoren und köcheln – langsam und qualvoll, versteht sich. Jedesmal, wenn ich den Werbeständer Lafer ein Schaufenster vollgrinsen sehe, fällt mir eine Liedzeile des Sängers Danny Dziuk ein:

»Und das Klo, zu dem ich kroch
War von Villeroy und Boch.«

Gibt es eine Kulinarik ohne geschwätzige Mitesser, ohne Prahlwerbung und ohne Sprachverrenkungen? Vielleicht in der freien Wildbahn, draußen, auf der Straße? Am Bahnhof liegt Angebot neben Angebot, eins am anderen, und sie alle verbinden sich zu einer olfaktorischen Kakophonie, die sämtliche mannigfach vorhandenen Schrecken der optischen, architektonischen und akustischen Vergehen noch steigert. Verschiedenste Gestänke brennen sich in die gequälten Nüstern; man sieht Nahrungsersatzstoffkonsumenten mit konvulsivisch zuckenden Bewegungen. Ob sie im Stehen oder Gehen etwas in ihren abgeknickten, vorn aufgeklappten Kopf hinein oder es schon wieder aus ihm herauswürgen oder sogar beides auf einmal, bleibt unersichtlich; geschmacklich macht es ohnehin keinen Unterschied.

So flieht man zu guter Letzt an die solitäre Bude, wo man die Welt schnell im Biss hat. Jahrelang war der »Happi-Happi-Grill« in Kassel mein Lieblingsimbiss; gern mischte ich mich unter die Besucherschaft und sah in vielen Gesichtern, was zu sehen ich erahnt hatte: das stille Glück, die Freuden der Regression, die erfüllte Sehnsucht nach einem Bewusstseinszustand, der mit den Worten Happi-Happi hinlänglich und zutreffend beschrieben ist.

Den »Happi-Happi-Grill« gibt es nicht mehr, und einen gleichwertigen Ersatz vermochte ich lange Zeit nicht zu finden. Eines Abends jedoch, als ich zu Fuß die Stadt Halle an der Saale durchmaß, sah ich ein Licht, nein: Ich sah DAS Licht, »I saw the Light«, wie Hank Williams es besang. Ich erkannte das Licht, es war eine Schrift, und die Schrift leuchtete durch das Dunkel der Welt: »don't worry, be curry«.

Be happy bei happi-happi gab es nicht mehr, aber dieses war genauso gut: »don't worry, be curry«. Es war ganz einfach: Man musste nur in den psychisch-seelisch-geistigen Bewusstseinszustand einer Currywurst gelangen, und schon war jede Sorge wie nie gehabt und nie gewesen. Ob man sich in diesen Zustand herab- oder heraufwurschteln musste, spielte keine Rolle, das war im Wortsinne wurst und nur eine Frage der Perspektive und der Selbsteinschätzung. Hauptsache, man kam dort an. Dann war alles gut.

Ich stand bei »don't worry, be curry«, verzehrte eine Currywurst und wurde eins mit ihr. Ich sank ein in das Murmeln um mich her, niemand sprach zuviel oder zu laut, jeder war für sich, und alle zusammen waren eine Wolke auf Zeit. Imbissbude ist demokratisch und egalitär: Ob Mann oder Maus, hier bekommt jeder Flüchtling Asyl, hier darf jedes Würstchen Würstchen sein und Würstchen essen.

Man steht einfach nur da und muss nichts – nichts leisten, nichts tun, nichts sagen, nichts anhören. Es ist der Zustand der Seligkeit. Das absolut Verblüffende daran ist: Man muss dazu nicht einmal tot sein.

Mir fiel die massenmediale Inszenierung des Robert-Enke-Begräbnisses am 15. November 2009 ein. In welche Bereiche der Perversion möchte der »Öffentlichkeit« genannte, schamferne Dauerausverkaufshaufen aus Journaille und Publikum noch vordringen? Zunächst ging es ins Stadion, in die hannöversche »Mehr brutto, mehr netto«-Arena, direkt in die aggressive Depression, deren Hauptstadt Hannover ja schon lange vor Robert Enke war und es mit Repräsentationsgestalten wie den Scorpions,

Heinz-Rudolf Kunze, Christian Wulff oder Lena auch zuverlässig bleibt.

Nach dem Freitod des Torhüters Enke am 10. November 2009 wurde auch die Frage laut: Darf man sich als Torwart einer Fußballnationalmannschaft eigentlich vor einen Regionalzug werfen? Ist das standesgemäß und ligagerecht?

Als »don't worry, be curry«-Wurst oder -Wurstesser hat man solche Sorgen allerdings nicht.

Hätt' Robert Enke das gewusst
Er hätte nicht zum Zug gemusst:
Don't worry, don't worry, be curry
Don't you worry, don't you worry, just be curry

Von Schampelmännern und Bovisten

Eine Verneigung

Haben Sie es satt, Müller zu heißen, Meier oder Schulze? Möchten Sie nicht lieber ein filziger Milchling sein? Ein Flaschenstäubling? Ein grauer Wulstling? Ein striegeliger Rübling? Ein lila Dickfuß? Ein sparriger Schüppling? Ein Judasohr? Eine krause Glucke? Ein kegeliger Saftling? Eine Toten-Trompete? Ein duftender Leistling? Ein gemeiner Stinkschwindling? Oder ein niedliches Stockschwämmchen?

Dann müssen Sie nur auf Pilz umschulen und in den Wald ziehen, oder wenigstens in den Garten. Egal, was Sie vorher waren oder taten, Sie werden sich rasant verbessern und evolutionieren. Die Menschheit bildet Schwafelköpfe in Hülle und Fülle aus; als Pilz können Sie sich persönlich zum rauchblättrigen Schwefelkopf emanzipieren und damit auch noch den allgemeinen Fortschritt befördern. Haben Sie womöglich etwas bizarre sexuelle Neigungen? Kein Problem – als Riesenporling oder als Lacktrichterling werden Sie jede Menge Spaß bekommen, ohne gleich die Öffentlichkeit damit zu behelligen, die das schließlich nicht das Geringste angeht.

Die stille Zauberwelt der Pilze eröffnete sich mir im noch nicht schulpflichtigen Alter. Die kleinen Gnubbelmänner waren das Größte. Ohne mich zu schonen, drang ich in jede Schonung ein, kroch in jedes Dickicht, die Nase am duftenden Waldboden, zwischen Fichtennadeln, Buchenblättern oder im weichen Moos. Im Kindergarten hatte man uns etwas vom Paradies erzählt – hier war es. Pilze suchen war klasse; man musste keine blöden Sonntagssachen anziehen und durfte sich so schmutzig machen, wie man wollte. Es war ja für einen guten Zweck – nach einem Ausflug in den herbstlichen Wald sollte schon eine ordentliche Pilzmahlzeit zusammenkommen.

An der allerdings hatte ich keinen Anteil und beanspruchte auch keinen; essen wollte ich nichts von dem, was gefunden und im Pilzkorb gesammelt worden war, auf gar keinen Fall. Die einzigen Pilze, die ich zu dieser Zeit mochte, waren Champignons aus dem Glas oder aus der Dose. Warum nur? Sie hatten so gut wie gar keinen eigenen Geschmack. Der Kindermund war kulinarisch noch nicht entwickelt. Während die übrigen Familienmitglieder die selbstgesuchten, sorgsam geputzten und mit Butter, Knoblauch, Zwiebeln und Kräutern zubereiteten Pilze verspeisten, futterte ich glücklich gummige Schampelmänner aus der Büchse.

Plastikpilze als Lohn für frische Beute: Ich saß da wie ein Indianer, der die kostbarsten Felle und Pelze gegen dünne, schlecht gewebte Decken, bunte Glasperlen und anderen Plunder eintauschte. Das ging mir allerdings erst viel später auf, und vor allem wollte ich es ja so haben. Für den Abenteurer liegt der Zweck des Abenteuers allein im Abenteuer selbst. Er hat die Freude und das wilde Vergnügen, die Beute geht an andere. Den Reibach nehmen die Damen und Herren von der Rechenschieberfraktion wie selbstverständlich an sich, denn im Aufgehen kühlen Kalküls finden sie ihr Ergötzen an der Welt. Es kann die scheinbar naive, harmlose Pilzsuche dem Pilzsucher die Augen öffnen für jene Klassenverhältnisse, vor denen er doch, bewusst oder unbewusst, in die Wälder floh.

Mein Vater hatte den Ehrgeiz, jeden Pilz, den er als essbar klassifiziert hatte, anschließend auch tatsächlich zu essen. Ein gewisses Restrisiko nahm er dabei in Kauf; allerdings sollte für den Fall, dass er sich fatal geirrt haben könnte, nicht die gesamte Familie dahingerafft und ausgelöscht werden. Nur jeweils ein Eltern- und ein Kinderteil der Sippe durfte beziehungsweise musste sich über die gewagte Speise hermachen. So wurde auch der nackte Ritterling verspeist; Testesser waren mein Vater und mein älterer Bruder. Noch in derselben Nacht wand sich mein Vater in Leibschmerzen; deren Quell aber war, wie sich bald herausstellte, nur eine Entzündung des Blinddarms.

Was die Auffassung untermauerte, am Pilz selbst könne ja gar nichts Böses sein, denn der Pilz an sich ist gut. Wer in Knollenblätter-, Panther- oder Fliegenpilze hineinbeißt, kann nicht bei Trost sein. Das muss man doch nicht machen. Sichtbar giftig und wie geschminkt leuchten sie den Betrachter an und wispern wie der Wind in den Weiden:

»Ja komm her, dich meine ich,
komm zu mir, auf den Iss-mich-Strich ...«

Auf englisch heißen die Giftlinge *Toadstools*: Krötenschemel. Wer ihren Einflüsterungen erliegt, dessen Leben ist allerdings keinen Pfifferling mehr wert. Für den wiederum gilt:

Der Pfifferling ist als Passion
eine kleine Sensation.

Die Archaik des Jagens und Sammelns geht ihrer Reize niemals verlustig; dieser Sucht hängt man ein Leben lang an. Mit geschärftem Pilzmesser und gleichfalls scharf gestelltem Pilzblick zieht der Suchende aus. Übermütig ruft er:

»Wo bist du,
Bovist du?«

– und setzt, weil der Bovist mal wieder stumm bleibt, sogar noch nach: »Schlagt die Bovisten, wo ihr sie trefft!« Sein Glück will der Waldgänger machen und also frohgemut nachschauen, ob Gott ihm seine rechte Gunst erweist, wie es im Lied heißt. Das Glück des durch die Natur hirschelnden Wanderers ist vielgestaltig, doch seine höchste Form ist das Auffinden des Steinpilzes. Herrenpilz mag ich ihn nicht nennen, das klingt wie von Herrenmenschen erdacht; unzweifelhaft aber ist der Steinpilz der König des Waldes. *Boletus edulis* ist sein lateinischer Name, die Verehrer dieser Majestät sind folgerichtig die Boletarier. Dass sie sich vereinen, kommt nur in Ausnahmefällen vor. In der Regel belauern sie einander mit scheelen Blicken und einer prall gefüllten Gallenblase im Herzen.

Freund Vincent Klink und ich durchstreiften ein Steinpilzrevier nahe Stuttgart, das sich schon oft von einer großzügigen, ergiebigen Seite gezeigt hatte. Auch diesmal wurden wir fündig. Wer den Steinpilz erblickt, den durchzuckt ein Freudestrahl, und er wird selbst zum Glückspilz. Wir knieten nieder; anders als kniend, hockend oder sich bückend ist dem Pilz nicht beizukommen, das hat er sauber eingefädelt. Hinter uns knackte der Wald, jäh trat ein Mann aus dem Dickicht. Er war groß, trug Funktionskleidung und eine Kiepe auf dem Rücken. Ein finsterer, missbilligender Ausdruck lag auf seinem Gesicht, das unheilvoll schimmerte wie die dunkle Seite des Mondes. Vor uns stand ein Pilzprofi – keiner, der mit dem Steinpilz tanzt, sondern das Erwerbsboletariat in seiner reinen Erscheinungsform.

Der Mann zog demonstrativ ein großes Messer, schaute herrisch auf die Pilze und sagte etwas in einem Argot mit turbokroatischer Anmutung. Wollte der im Ernst wegen einiger Pilze Krieg anfangen? Wir waren immerhin zu zweien, aber dass Hauen und Stechen nicht unser Metier ist, sah er uns wohl an. Die Steinpilze, vor denen wir uns niedergelassen hatten, nahmen wir noch mit; dann überließen wir das Terrain dem düsteren Messerling. Wir tauften ihn Herrn Grabschitsch; sein Gebaren lehrte uns, dass die Geschichte des Amselfeldes neu geschrieben werden muss. Wenn sich die Liebe zum Pilz in Beutegier wandelt, wird der Mensch zur Bestie.

Noch andere Feinde hat der Pilzfreund: Maden, Schnecken und Rentner. Was an manchen Tagen durch die Wälder pensionärt, ist schier nicht auszuhalten. Schneckenfallen gibt es – warum keine Rentnerfallen? Oder sind die Reisebusse, in denen ruhelose Senioren wie eingedost durch die Welt gekarrt werden, in Wahrheit mobile Rentnerklappen? Dann aber bitte nicht am Waldrand öffnen und die zwar von Hinfälligkeit geplagte, aber umso heftiger zu allem entschlossene, aufgestachelte Meute auf wehrlose Pilze loslassen. Schweigsame Pilze sind nichts für Gruppentruppen, Nordic Walker oder andere Geräuschlinge und Ächzebolde. Sie sind magische, poetisch inspirierende Wesen, zaub'rische Repräsentanten einer anderen, älteren Welt, die nur betreten soll, wer dabei Umsicht und Liebe walten lässt.

»Boviste und Planeten,
Das Schicksal der Poeten ...«,

heißt es in Peter Hacks' Gedicht »Du sollst mir nichts verweigern«. Als größter Pilzdichter dürfte Michael Rudolf gelten, der im Februar 2007 aus dem Leben in die ewigen Pilzjagdgründe gegangene Thüringer Schriftsteller, der alles über Vielfalt und Eigensinn der Pilze wusste. Betrat er die rund um seine Heimatstadt Greiz gelegenen Wälder, eröffneten sich ihm Bilder wie aus russischen Märchen. 1998 gab er bei Haffmans den *Pilz-Raben* heraus, in dem Ernst Kahl den Garten Eden zeichnete: eine Wiese voller aufgerichteter phallischer Stinkmorcheln, von denen ein entkleidetes Weib, lustvoll sich setzend, Gebrauch macht. Während Achim Greser ein Bild der »Pilz-Selbsthilfegruppe Hanau« präsentierte und einen Fliegenpilz bekennen ließ: »Ich heiße Ulf und bin giftig.«

Drei Jahre später folgte bei Reclam *Hexenei und Krötenstuhl. Ein wunderbarer Pilzführer*, das Standardwerk über den Pilz als literarische Figur. So kenntnisreich wie hymnisch durchdrang und besang Michael Rudolf die Mysterien von Mycel und Fruchtkörper; das Buch ist die schiere Liebe.

So ist das, wenn man in die Pilze geht: Finden ist schön und ein großes Glück, aber nicht der Kern der Sache. Suchet, und ihr werdet suchen.

Füdliblutt

Wer in die Schweiz reist, lernt schöne neue Wörter kennen. Eine Schiebermütze heißt »Dächli-Chappe«; darüber nachsinnend, was das wiederum mit Dachpappe zu tun haben könnte, kann man schön albern einen halben Tag vertrödeln.

»Hät's Lüüt ghaa?« fragte mich ein Freund am Tag nach meiner Lesung im Zürcher Kaufleuten. Was meinte er nur? Ob es geläutet hätte vielleicht? Ich verneinte, neinnein, niemand habe antelefoniert oder geklingelt – und begriff im selben Moment, dass er nach etwas ganz Anderem gefragt hatte: »Hat es Leute gehabt? War Publikum da?« Unter gemeinsamem Giggeln konnte ich meine Antwort korrigieren.

Als ich mit dem Essener Jazztrio »Spardosenterzett« in der Schweiz gastierte, gab es ähnliche Irritationen. Oft hörten wir in Zürich den Satz »'s isch keis Problem«; nach ein paar Tagen fragte mich der Kontrabassist, der mit Vornamen Kai heißt: »Sag mal – wieso ist hier eigentlich alles mein Problem?« In dem Fall konnte ich, der routinierte Schweizreisende, ihn beruhigen: »Das heißt bloß ›kein Problem‹, und wenn wir nach Bern fahren, bist du sowieso aus dem Schneider, da heißt ›kein Problem‹ nämlich ›kes Problem‹. Aber nicht dass du dann denkst, die hätten da ein Käseproblem.«

Witze von Deutschen über die Schweizer Mundart sind in der Schweiz unerwünscht. Wer es irrtümlicherweise für originell hält, den Schweizer Franken »Fränkchli« zu nennen, erlebt ein ungeteiltes Vergnügen. Abgesehen davon, dass Geld in der Schweiz niemals niedlich ist, heißt es Franken oder »Stutz«, fertig.

Überhaupt erlegt man sich als Deutscher in der Schweiz besser Zurückhaltung auf. Komplimente über die Schweiz aus dem Mund von Deutschen sind nicht sehr beliebt und führen zu einer gewissen Reserviertheit. Man kann förmlich sehen, was in einem Schweizer nach der Schweizschwärmerei eines Deutschen vor sich geht: Aha, es gefällt ihm hier also. Hmmh – will er vielleicht bleiben? Sich am Ende sogar niederlassen? Sich einnisten? So war das mit der Gastfreundschaft aber nicht gemeint. Gast sein heißt schließlich, dass man wieder geht. Das sprichwörtliche Sprichwort sagt es ganz deutlich: Ein guter Gast ist niemals Last.

Trotzdem will ich die Schweiz loben, allein schon für das Wort »Cervelat-Promi«. So heißt in der Schweiz die öffentliche Belästigung, die in Deutschland »B-Prominenz« genannt wird: Cervelat-Promi, also Wurst-Promi. »Cervelat-Promi« sagt alles: Sie kamen, um zu nerven – und wurden zu Wurst. Und zwar zur schlechtesten von allen. Cervelat ist das, was in Deutschland Bregen- oder Brägenwurst genannt wird, weil darin auch Hirn verwurstet wird. Wenn ein »Cervelat-Promi« eine Cervelat kauft, trägt er anschließend mehr Gehirn in der Einkaufstasche als zwischen seinen Ohren spazieren.

Dass man in der Schweiz nicht bestraft, sondern noch nach alter Christensitte »gebusst« wird, wusste ich schon. Der Schweizer Zeitschrift *natürlich leben* verdanke ich tiefere Kenntnis. Unter der Überschrift »Nieder mit dem Mieder« berichtete das Blatt darüber, dass im Kanton Appenzell sogar Nacktwanderer gebusst werden. Mir waren bislang nur Nachtwanderer begegnet, und meines Wissens schrieb Goethe auch kein »Wanderers Nacktlied«. Nun aber las ich: »Fertig lustig. Wer füdliblutt meint wandern zu müssen, wird in Appenzell künftig gebusst.«

Das Wort »füdliblutt« war mir neu; es setzt sich zusammen aus »Füdli«, hochdeutsch »Hintern«, »Popo« oder schlicht »Arsch« und »blutt«: »bloß«, »blank«,

»nackt«. »Füdliblutt« heißt also »nacktpöterig«, und das wäre ja auch ein schöner Name für einen Pilz: der samtene Nacktpöterich.

Nacktpöterig aber soll man im Kanton Appenzell nicht mehr ungestraft wandeln oder wandern. Es geht dabei wohl eher ums unbedeckte Vornerum, um die Scham, die man seit Adams Biss in Evas Apfel bedecken soll, auch im Wald.

Dies ist der Appenzeller Füdli-Schwur:
Wandern darfst du, doch bekleidet nur.

Bardiert und nappiert

Ich saß draußen vor der Gaststätte Fischerhof in Rheinsberg, gleich am Ufer des Grienericksees. Das Wasser glitzerte in der Abendsonne. Es war still, ein paar Enten und Schwäne kurvten mit ihren jeweiligen Nachwüchsen auf dem See herum, ab und zu sprang platschend ein Fisch. Frieden waltete, alles war gut. Im Hinterkopf hörte ich Bob Dylans raspelnde Stimme singen, »It's all good«, das letzte und mitreißendste Stück seines fantastischen Albums »Together through Life«, dem Soundtrack des Frühlings und Sommers 2009. Mit stoischer Energie hämmert die Band die Rhythmen durch, und Dylan singt wie unter dem Milchwald: alt, weise, stark, solitär, geradeaus treibend, rauh. Selbst das Echo der Erinnerung daran treibt die Mundwinkel den Ohrläppchen zu.

Obwohl ich schon wusste, was ich bestellen würde, studierte ich die Speisekarte. Ich glaube an die Kraft des Wortes, sei es gesprochen oder geschrieben. Ist es wahrhaftig, entfaltet es biblische Macht. Auch aus Speisekarten kann das Wort sprechen und den Menschen ergreifen, warum denn nicht? Mein Dortmunder Freund und Kollege Fritz Eckenga las mir einmal aus einer Speisekarte vor. »Hömma! Hier gibbet Tolloni mit Pansemannkäse und Gonzolasoße!« Das hatte er sich zwar ausgedacht, aber die Wirkung war phänomenal.

Auf der Speisekarte des Fischerhofs fand ich »bardierten und gebratenen Ziegenkäse«. Bardiert? Also von Barden angeölt und zum Hörbrett gemacht? Prötert Peter Maffay dem Käse, den er auf seiner mallorquinischen Finca Can Sureda herstellen lässt, jetzt auch die Ohren voll? Duzt Wolf Biermann unschuldige Milchprodukte an? »Du lass dich nicht verhärten, du Ziegenkäse frisch...«, nöddel nöddel bramm? Armer Käse! Vielleicht ist aber ›barbiert‹ gemeint? Barbierte Ziege gibt es: Im Grimm'schen Märchen »Tischchen deck dich, Goldesel und Knüppel aus dem Sack« wird eine verlogene Ziege, die drei Söhne bei ihrem Vater angeschmiert hat, am Ende »glatt wie eine flache Hand« rasiert. Oder handelte es sich um bombardierten Käse? Hatte die bombodromfixierte Bundeswehr ihre kulinarischen Vorlieben auf die Speisekarte dieses friedfertigen Ortes schmuggeln können?

Ich ließ das Rätsel zwischen meinen Ohren zunächst offen und las weiter. Frischer Wels war im Angebot – »mit pikanter Meerrettichsauce nappiert«. Wie jetzt, nappiert? Nepp ist mir bekannt, zum Beispiel von der Ostsee her, wo manches Restaurant ›Neptun‹ heißt, dem dann allerdings hartnäckig ein ›p‹ fehlt. Aber ich befand mich im Fischerhof in Rheinsberg und nicht in der Tourismushölle deutsche Ostsee.

Wer nicht unwissend ins Grab sinken möchte, kann lesen oder fragen. Zuhause wartete der Fremdwörterduden, das Lokal aber bot die Gelegenheit, die freundliche Kellnerin um Auskunft bitten. Warum sachlich, wenn es auch persönlich geht? Und so erfuhr ich: Etwas ›bardieren‹ bedeutet, es mit Speck zu umwickeln. Wer dagegen ›nappiert‹, der überzieht etwas mit Sauce. Vielen Dank!

Mit derlei frischem Wissen überhäuft, ja geradezu nappiert, warf ich einen weiteren Blick in die Speisekarte – in die kleine, aber auffällige rote Zettel eingelegt worden waren, auf denen in Handschrift zu lesen war: »Liebe Gäste! Hiermit weisen wir darauf hin, dass auch Fischfilets Gräten enthalten können!« So beschränkt können nur Touristen sein: Fisch bestellen und dann hocherstaunt darüber herumjabbeln, dass Fisch infamerweise Gräten hat. Wenn sie aber Richtung Ostsee weiterziehen, ist alles gut.

Wenn der Berliner kommt...

Am Wochenende und an kirchlichen Feiertagen überfällt den Berliner der Wunsch, ein Mensch zu sein. Zwar hat er vor lauter Wichtigkeit vergessen, was das ist und wie das geht, aber er nimmt es sich tüchtig vor und organisiert es mit der ihm eigenen Bedeutsamkeit. Mister Hyde möchte wieder Doktor Jekyll werden; zwar bleibt er immer Mister Hyde, egal wie humanoid er sich auch verkleidet, schminkt oder gibt, aber das weiß er nicht, ignoriert es also frohgemut, wirft sich in Freizeitschale, klemmt sich Mausi unter den Arm und knattert los.

Sein Ziel ist das, was er ganz selbstverständlich als »Umland« bezeichnet; die Herablassung, die in diesem Wort steckt, ist ihm zwar nicht bewusst, aber durchaus so gemeint. Schließlich ist Berlin der Mittelpunkt der Welt, um den alles andere eben herumliegt und nur darauf wartet, mit dem Geschenk eines Besuchs beglückt zu werden.

Der Berliner hat von nichts eine Ahnung, das aber laut und vernehmlich. Er muss auch nichts wissen; er ist ja schon da, das genügt ihm vollständig – und sollte auch jedem anderen ein hinreichender Grund zur Freude sein. So taucht er im Städtchen auf, gern in großer Schaumacherkarre oder auch auf dem heftig pött-pötternden Motorrad, jedenfalls dergestalt, dass man ihn optisch und akustisch wahrnehmen muss, ob man das nun möchte oder nicht. Hat er sein Sieht-mich-auch-jeder?-Vehikel abgestellt, walzt er in Zweier- oder in Viererreihe übers Trottoir wie ein gemächliches Breitwandgesäß, lässt niemanden passieren und hat demonstrativ jede Menge Zeit. Etwas Konturloses, Matschiges umweht ihn; ohne sich eine Form zu geben, würgt und wirscht er durch die Gegend und teilt der Welt in Körpersprache mit: Ist es nicht herrlich, dass ICH jetzt frei habe? Mag sein – aber geht das die Welt irgendetwas an? Und ist es nicht erstaunlich, wie brüllend laut die angeblich stumme Körpersprache sein kann?

Dezente Zurückhaltung überlässt der ausflügelnde Berliner anderen. Er ist inzwischen im Lokal angekommen und verlangt Bedienung. Die steht ihm zu, aber zackzack. Ungläubig und widerwillig muss dieser Vertreter der Ausflugssorte Mensch zur Kenntnis nehmen, dass nicht allein er und die Seinen auf die singulär außergewöhnliche Idee einer Ausfahrt kamen; viele, viele andere sind ausgeflogen, manche sogar schon vor ihm. Bekommt er jetzt vielleicht nicht sofort einen Platz und alles, worauf er ein Anrecht hat? Skandal! Verrat! Ja, auch – vor allem aber Frechheit, jawohl: »'ne Frechheit is dett!«

Mürrisch und kurz vor maulen steht der ausflugszielfixierte Berliner im Lokal und hühnert mit den Füßen. Beinahe schon hat er ein abschließend wegwerfendes »Also hier kannste ja ooch jarnisch mehr hinjehn!« auf den Lippen, als er doch noch einen freien Tisch erspäht. Allerdings steht dieser recht entlegen halb um die Ecke, und die Rückenlehnen der Stühle sind gegen die Tischkanten gekippt. Über diese kleinen Zeichen sieht und geht der Ausflügler großzügig hinweg, eilt mitsamt seinem Tross hinzu, rückt und ruckelt sich das Gestühl allseits gut vernehmlich zurecht, macht es sich bequem und schaut mit erwartungsvoll gerundetem Karpfenmund zu Kellnerin und Kellner.

Die allerdings haben gut zu tun, und ihre Wegschneisen liegen abseits des Tisches, an dem Familie Sitzsack Platz genommen hat. Die Stimmung am Tisch verdüstert sich; wie kann das sein? Wir sind schon zwei Minuten hier, und das Essen steht noch nicht auf dem Tisch? Es wird nach Bedienung gewinkt, gerufen, mit den Fingern geschnipst und sogar gepfiffen; auch diese groben Regelverstöße bleiben folgenlos, in jeder Hinsicht. Nun macht der Ausflugsfamilienvorstand die Angelegenheit zur Chefsache, steht auf, strafft sich, sandalettet in einen weniger dezentral gelegenen Bereich des Gartenlokals hinüber und stellt sich entschlossen und mutig einer Kellnerin in den Weg. Die, ein volles Tablett in den Händen, erklärt ihm dennoch geduldig, dass an jenem Tisch leider nicht bedient werde, weswegen sie ja auch die Stühle gegen den Tisch gelehnt habe.

Das Gesicht des Ausflüglers wird zur Bühne, auf der ein faszinierendes Schauspiel sich ereignet: Zehntelsekunde für Zehntelsekunde kann man dabei zusehen, wie lange es dauert, bis der Groschen fällt. Als er durchgerutscht ist, klappt dem Ausflügler der Mund auf. In wortloser Wut starrt er die Kellnerin an, dreht sich um und macht seinem Klüngel ein Handzeichen, aufzustehen. Geräuschvoll rauscht die Truppe ab. Im Gesicht des Chefausflüglers arbeitet es weiter. Er dreht sich noch einmal um, schwillt zu voller Bedeutung an und entlässt den Inhalt seines Triumphatorenkopfes in den Tag: »So kann ditt ja nüscht wern im Osten!« – Nein, da muss erst einer wie er kommen, bis alles so schön ist wie überall.

Was ist der Unterschied zwischen Terroristen und Touristen? Terroristen haben Sympathisanten.

Aus der Mückengaststätte

Von der Perspektive einer Mücke aus betrachtet ist der Mensch eine Mischung aus Tankstelle und Gastwirtschaft. Für einen Einzelmück oder eine Solo-Mücke ist ein menschliches Wesen ein Schnellimbiss, an dem der kleine Blutdurst zwischendurch mal eben rasch im Vorbeifliegen gestillt werden kann. Einem Mückenschwarm dagegen gilt der Homo sapiens als eine Art Großraumkantine, an deren Tischen alle Platz finden. Zwar gibt es weder ein Menü noch kann man à la carte bestellen – ausgeschenkt wird Einheitskost –, aber satt immerhin werden hier alle.

»Stammessen Eins!« sirrt routiniert das Personal, ein rot gesprenkeltes, schon etwas angeschmuddeltes Tuch um die gerundeten Küchenbullenhüften geschlungen. Die Mitglieder der hungrigen Mückenmeute binden sich erwartungsfroh die Servietten vor, klopfen mit den vorfreudig gehärteten Saugrüsseln in rhythmischem Stakkato auf die Tische und verlangen im Chor: »Bsss! Bsss! Blutsuppe à la nature! Bsss! Bsss!«

Der ohne sein Einverständnis zur Speisegaststätte umfunktionierte Mensch aber will der Mücke nicht als Freibank dienen. Fluchend schlägt er um sich und versucht, die auf seinen Gliedmaßen oder in seinem Gesichte sitzenden Vampire zu verjagen oder sie mit der flachen Hand am eigenen Leib oder auf der eigenen Wange zu zerquetschen.

Die andere Wange hinhalten? Nein, das kommt im Fall des Mückenbefalls auch für Christen längst nicht mehr in Frage, hier wird mit der Eigenohrfeige schnell und unerbittlich Selbstjustiz geübt. Die übrigen Delinquenten werden im Eilverfahren dem Insektenbeauftragten, Kardinal flache Hand, überstellt, und der macht kurzen Prozess, urteilt die lästigen Säuglinge ab und weihräuchert sie aus, bevor er saftig klatschend zulangt.

Doch der Mücken sind viele; die Hoffnung des Menschen, ein langer und frostiger, beißend kalter Winter hätte die stechenden Insekten schon im Larvenstadium vernichtet oder doch entscheidend dezimiert, war trügerisch und erfüllte sich nicht. Zerstochen und zerschunden, sich überall die scheußlich juckenden Mückenstiche kratzend, muss der Mensch einsehen, dass der kommode Platz am Ende der Nahrungskette ihm nicht automatisch und selbstverständlich, nicht unbedingt und unangefochten gehört. Selbst sichtlich passiver Teil des Ernährungskreislaufs geworden, muss er kleinlaut einräumen: Wer nichts wird, wird Zwischenwirt.

Der gesättigte Mückenschwarm erhebt sich; einige wenige Angehörige der Großgruppe haben mit ihrem Leben bezahlt, der Rest prellt frech die Zeche und surrt davon, die nächste Raststätte schon im Blick: Ein Trupp älterer Ausflügler rentnert am Seeufer herum; viele von ihnen stützen sich mit einer Hand auf einen Stock oder halten sich mit beiden Händen an einem Rollwägelchen fest. Drei erfahrene Mücken, die als Vorhut und Späher unterwegs sind, reiben sich die Flügel, machen kehrt, fliegen zu den anderen retour und können frohgemut vermelden: »Leichte Beute voraus!«

Grausam und unerbittlich ist die Natur. Die Kleinen fressen die Großen – zumindest dann, wenn die Großen nur noch mit Kölnisch Wasser bewaffnet sind. So erlitt eine Seniorengruppe in Rheinsberg noch einmal das Schicksal von Flucht und Vertreibung.

Denn mit Rollator und Krücke
Erschlägst du keine Mücke.

Anmerkungen über die Übergangsjacke

Bösartig lang und düster ist der deutsche Winter. In dicke, nasse oder angefrorene Mäntel gehüllt, strickbemützt und in Schals gewickelt, stehen Menschenklumpen wie Falschgeld in der Welt; triefnasig, rotäugig und vergrippt starren sie aus der grauen Wäsche. Was sie verströmen, ist das, was sie fürchten und mit dem sie zugleich liebäugeln: Untergang.

Doch pünktlich zum Termin kommt der Frühling und streichelt mit zarten Sonnenstrahlenfingern vorsichtig die verwinterten Gesichter und Gemüter. Das Signal wird gleich richtig verstanden: Ihre Behausungen, in denen die Menschen eben noch in Agonie ausharrten, schmücken sie nun und tauchen sie in Meere von Blumen. Das Leben fügt sich wieder, es reimt sich Luft auf Duft, allenthalben wird froh und albern gedichtet und mit den Vögeln geträllert:

> Im Frühling walten Gefühle,
> die treiben mich aus dem Haus.
> Denn die Wirte stellen die Stühle
> und die Frauen die Beine heraus.

Nach draußen, ans Licht, zieht es den Menschen. Nur – was zieht er an beziehungsweise über? Den Winterkram kann und will er nicht mehr sehen, der ist ihm oll geworden und eine Last. Am liebsten spränge er gleich im leichten Sommerzeug umher, so luftig ist's ihm in der Seele, aber das wäre nicht klug, zu leicht ist eine Erkältung eingefangen, und die würfe ihn um Tage, ja Wochen zurück. So greift der Mensch zum Übergangsmantel, oder, kühner noch, zur Übergangsjacke.

Vom Untergang zum Übergang – wenn das kein Fortschritt ist! Doch was genau ist eine Übergangsjacke? Was hat man sich darunter vorzustellen? Etwa Bruno Ganz, die alte Untergangszwangsjacke, eingekleidet von Jack Wolfskinhead? Zicke-zacke, Übergangsjacke? Und um was für einen Übergang handelt es sich überhaupt? Was geht von wo nach wohin über? Der Winter zum Frühling, oder gleich, in einer Art klimatischer Gleitzeit, zum Sommer? In jene Jahreszeit also, in der speziell der junge Mensch möglichst unbekleidet durch den öffentlichen Raum eiert? Und dabei aber immer eine Trinkflasche in der Hand festhält, um der Welt zu demonstrieren, dass er, obschon kaum volljährig, doch eigenständig und ambulant Flüssigkeit in sich aufzunehmen und zu versenken versteht, und zwar unabhängig davon, ob es sich dabei um Bier, Bier oder Bier handelt? Ist es der Übergang vom Leben zum Tod – und die Übergangsjacke also ein letztes Hemd? Nein, dazu ist die Übergangsjacke zu bunt und hat auch zu viele Taschen.

Scheußlich und den Menschen schändend ist alles, was nach Freizeitkleidung aussieht; auch jede Anmutung von Funktionskleidung ist unbedingt zu vermeiden. Wer zu klassischen Geriatriefarben wie beige, grau, *schlàmme* oder grünlich greift, darf sich über Stigmatisierung und Ausgrenzung nicht wundern. Auf Grellheit allerdings möge gleichfalls verzichtet werden. Das Auge sieht mit und will nicht farbenblind werden. Der Mensch ist kein Buntstift und soll sich als solcher nicht aufführen.

Das Schönste an der Übergangsjacke ist der Tag, an dem die Übergangsjackenzeit dann auch schon wieder vorbei ist. Bis dahin gilt die Regel: Der Deutsche ist vernarrt in den Untergang, trägt dabei aber, zumindest zeitweise, Übergangsjacke.

Doch über den Übergangsjacken
Prangt – ohne oder mit Zopf –
Dabei modisch gleichsam altbacken
Dieses Ding namens Übergangskopf.

Pilgerstrom

Eine Besonderheit der deutschen Sprache ist das Kompositum, das aus zwei oder mehr Wörtern zusammengefügte Wort. Dabei entstehen schnell Ungetüme wie »Sicherheitsarchitektur«, »Zeitschiene«, »Gerechtigkeitslücke« oder »Rettungsschirm«.

Ein ganz besonderes Kompositum beschert uns turnusmäßig die massenhafte Versammlung organisierter Gläubischer aller Art; sie bietet Anlass, von einem »regelrechten Pilgerstrom« zu sprechen. Das Wort löst bei mir uneingeschränktes Wohlgefallen aus: Pilgerstrom. Das klingt nach einem neuen Stromanbieter, dessen Dienste man unbedingt nutzen sollte.

Pilgerstrom, die religiöse Energiequelle, ist eine Alternative zu Stromerzeugern, wie man sie bisher kannte. Pilgerstrom kann schmutzige Braunkohlekraftwerke genauso überflüssig machen wie radioaktiv gefährlichen Atomstrom, und selbst die hässlichen Windenergieräder, auch Storchenschredder genannt, braucht man nicht mehr. Kriege um Öl müssen nicht länger geführt werden, und einen verheerenden Ölteppich wie jenen, der entstand, als Karl-Theodor zu Guttenberg und Kai Diekmann einander im Golf von Mexiko die Haare wuschen, wird es nie wieder geben.

Denn die jederzeit erneuerbare Energie heißt: Pilgerstrom. Mehr als 2000 Jahre lang lag diese Kraftquelle brach und blieb ungenutzt. Ungeheuer sind die Ressourcen an krimineller Energie, die von unbeirrbaren Glaubetrottern ausgeht. Man muss diese Kraft und Herrlichkeit nur technisch umwandeln – auch religiöse Reibung erzeugt Wärme!

In Ministrantenkreisen ist Kirche von hinten seit Jahrhunderten ein stehender Begriff; mit dieser von Generation zu Generation energisch weitergegebenen Methode und Praxis sollen aber doch besser Generatoren betrieben werden! Man muss nur das Gesetz »Kirche erst ab 18!« erlassen, und schlagartig wird unglaublich viel Energie freigesetzt – die sofort und weltweit in die Wiederabschaffung der erblindungsfördernden und entwürdigenden Energiesparfunzeln investiert werden kann.

Sind das nicht Gründe genug für einen Wechsel des Stromanbieters? Ich finde schon – und steige ausnahmsweise um auf ein Kompositum: Pilgerstrom, direkt aus der Steckdose.

Krise in der Loderhose

Das Wort »Krise« hat sich zu einem Passepartout entwickelt, zu einer Gemeinschaft stiftenden Abnickvokabel. Es muss nur einer »Krise« sagen, sofort erzeugt er flächendeckend Affirmation: Krise, ja, genau. Krise ist die Konsensmilch der lammfrommen Denkungsart.

Das Wort ist unspezifisch und wattig und genau deshalb universell einsetzbar. Wer »Krise« sagt, muss nicht konkret werden, egal, ob er mit der Krise droht oder ob er suggeriert, er nähme alle mit ins Krisenrettungsboot. So leicht ist ein Kollektivgefühl zu erzeugen: Die Weltwirtschaft in der Krise, also die Welt, also alle, also wir alle. Unterschiede verschwimmen oder verschwinden ganz.

Deshalb ist »Krise« eine Lieblingsvokabel von Demagogen jeder Couleur. Sie ist ein gezielt Angst und Panik schürendes Instrument, und wer Angst hat, lässt sich übergriffige Zumutungen und Kaltschnäuzigkeiten aller Art eben eher gefallen.

Es leitartikelt sich mit Hilfe der Krise aber auch ganz von allein. Fängt man mit Krise an, schreibt sich der Rest wie von selbst weg, gewissermaßen vollautomatisch. Es gibt schließlich Journalisten, die gern etwas geschenkt bekommen, nicht nur Reisen, Gefälligkeiten oder schöne Produkte, sondern vor allem Gedanken. Im letzteren Fall genügt auch die Simulation, es muss nur gut klingen und darf nicht auffallen im eintönigen Konzert des Pluralismus. Auch deshalb ist ›Krise‹ perfekt. Das Wort insinuiert, dass sein Sprecher auf der Höhe der Zeit sei, deren Zeichen er erkannt habe; dass er mit dem gebotenen Ernst bei der Sache und auch emotional nicht unberührt sei – und dass er zu denen gehöre, die nach Lösungen suchen.

Auf diese Weise wird aus einer geistabsenten Plaudertasche ein Krisenlenker von Dickdenkerformat.

So geriet die Krise auch in eine der vielen Zeitschriften hinein, die weniger zum Lesen, also zum Anstiften von Gedanken gemacht sind als vielmehr zum bräsigen Herumblättern: *fit for fun* heißt ein monatlich erscheinendes Druckerzeugnis, dessen Titel so gar nicht krisenorientiert klingt. *fit for fun* ist die etwas holprige Übersetzung von »Kraft durch Freude«. Schon im Editorial hat das Blatt Sätze zu bieten wie: »Es ist Krise, und viele Dinge werden danach nicht mehr sein wie vorher.« Ob diese Worte in der Welt sind oder nicht, macht nur diesen Unterschied: Sie sind Verschwendung von Ressourcen an Papier und Arbeitskraft bei der Herstellung und an Lebenszeit bei der Lektüre.

Geschrieben hat den Nullsatz der Chefredakteur von *fit for fun*. Der Mann heißt Willi Loderhose, und man ahnt, was er wegen dieses Nachnamens hat durchmachen müssen seit seiner Pubertät. Möglicherweise haben die erlittenen Verspottungen zu einer Erosion seines Charakters geführt – die es Willi Loderhose erst ermöglichten, Chefredakteur von so etwas wie *fit for fun* zu werden. Das ist Spekulation; gesichert dagegen ist, dass es Willi Loderhose gelingt, den Einstieg per Krise anschließend zu erweitern und in ihr, nicht minder konfektioniert, »auch Positives zu sehen«. Denn Krise, schreibt Loderhose, »bedeutet auch ›sich trennen‹« – woraus der Autor folgert: »Trennen Sie sich jetzt von schlechten Gewohnheiten! Trennen Sie sich von ein paar Kilos Körpergewicht.«

Auf einem Krisenherd kann eben jeder seine eigene Suppe kochen – auch Willi Loderhose, mitsamt *fit for fun*. Zwar gilt gemeinhin das Gebot, Namenswitze gütig zu unterlassen. Im Kasus Loderhose bringe ich den Verzicht auf einen Schüttelreim allerdings nicht über mich.

Krise in der Loderhose?
Kann sein, da ist ein Hoden lose.

Vom Niedergang der Sülze

Das Wort Schweinskopfsülze hat unbestreitbar einen heftigen, martialischen Klang. Dabei ist Sülze, wenn sie von einem guten Metzger aus guten Materialien hergestellt wird, ein wohlschmeckendes Lebensmittel. Wie konnte geschehen, dass Sülze seit langem ein Synonym für inhaltsleeres Gerede, für überflüssigen, nichtigen Verbalschwall geworden ist? Soviel Gesülze wird von Menschen mit nimmermüden Mundwerkzeugen produziert, dass bei dem Wort ›Kaisersülze‹ kaum jemand mehr an die so bezeichnete kulinarische Köstlichkeit denkt, sondern, im Gegenteil, an den selbstgefälligen, medial begeistert aufgesogenen wie überhaupt erst hergestellten Brumm- und Bummseich, den der in denselben Medien »Kaiser« genannte Franz Beckenbauer regelmäßig wegplätschert.

Beckenbauer ist allerdings überhaupt nicht der einzige, dem die Mutation der Sülze von einer guten Mahlzeit zum unerträglichen Geseire anzulasten ist. Am Niedergang der Sülze sind viele beteiligt, die öffentlich auf dem Glatteis der freien Rede herumrutschen. Ganz weit vorn sind Politiker und Verlautbarungsjournalisten, die immerzu »auf gutem Wege« sind und für die alles »auf einem guten Weg« ist – der zuvor selbstverständlich »frei gemacht« wurde. Das klingt ein bisschen nach Arztbesuch – »Guten Tag, Herr Weg, machen Sie sich doch bitte gleich frei« –, ist aber noch trüberen Ursprungs. »Wir machen den Weg frei« ist eine alte Reklameparole der Volks- und Raiffeisenbanken, die ihre Kundschaft unter Zuhilfenahme von Bausparverträgen zu fesseln und zu knebeln gedenken. Die Phrase hat ihren Weg in die Politik und in den Journalismus gemacht; man könnte auch zum ixypsilonsten Mal konstatieren, dass Politik und Journalismus sich eben längst in den Niederungen der Werbung eingebunkert haben.

Wer »Wege frei macht« und »auf gutem Wege ist«, der betreibt Politik mit derselben Vollautomatik auch »auf Augenhöhe«. Die »Augenhöhe« wurde nicht nur vom Alfred-E.-Neumann-Double Horst Köhler beständig »angemahnt«, sondern wird auch vom Schauspielerdarsteller Till Schweiger für sich reklamiert: »Mit Tarantino rede ich auf Augenhöhe, mit Brad sowieso...«, prahlte der in Quentin Tarantinos Film »Inglourious Basterds« so wohltuend und überzeugend textarm inszenierte Schweiger, der mit dem angekumpelten »Brad« irrtümlicherweise Brad Pitt meinte, nicht aber das weit bedauernswertere Brett vor seinem eigenen Kopf – das mit Till Schweiger ja tatsächlich »auf Augenhöhe« leben muss, und das schon und für immer.

Voll »auf Augenhöhe« befindet sich auch die Musikzeitschrift *spex* – und zwar mit dem Nudelhersteller *De Cecco*, dem sie ihr Impressum als Werbefläche vermietet. *spex*-Chefredakteur Max Dax weiß, was Feuilleton bedeutet: die branchenübliche Hurerei als Husarenstück verkaufen. Das hört sich so an: »Wir wollen einen Diskurs darüber anregen, wie wahnsinnig hart es ist, Qualität sowie innere und äußere Unabhängigkeit im Journalismus zu garantieren.« Von einem »Diskurs« ist bevorzugt dann die Rede, wenn aus Muffensausen vor dem wirtschaftlichen Bankrott der geistige vorauseilend vollzogen wird. Das Ergebnis des *spex-De Cecco*-Ex-und-hopp-Diskurses steht so fest wie die Max-Dax-Definition von »innerer und äußerer Unabhängigkeit im Journalismus«:

Ein neues Kunststück kann der Pudel.
Er besingt jetzt auch die Nudel.

Auf diesen Hund hat kein Metzger die Sülze je gebracht. Das schafft die deutsche Medienöffentlichkeit ganz allein.

Dicke Denke an der Raste

»Denke«, »Kenne«, »Schreibe«, »Tanke«, »Raste«: Optimistische Philologen könnten wohl meinen, bei diesen viel gebrauchten Wörtern handele es sich um den von ihnen bevorzugten Umgangston, den Imperativ – oder aber um die jeweils dritte Person Singular Konjunktiv von »denken«, »kennen«, »schreiben«, »tanken« und »rasten«. Die Worte beschrieben also in indirekter Rede, dass jemand denkt, etwas kennt oder schreibt, dass er oder sie tankt oder rastet. Aber erstens gibt es keine optimistischen Philologen, sondern nur zermürbte und kulturpessimistische, und zweitens handelt es sich nicht um Verbformen, sondern um moderne Substantive.

Mangelt es jemandem an einer zündenden Idee, dann hat er einfach nicht »die richtige Denke«. Verfügt er nicht über ausreichend Wissen, fehlt ihm »die nötige Kenne«. Manchem Schriftsteller wird »eine gute Schreibe« attestiert; der Leiter des Göttinger Literaturherbstes, Christoph Reisner, sprach sogar schon von »geilen Briten«, die »einen heißen Reifen schreiben«, weshalb er sie »nach vorne bomben« wolle. Das passt dann schon eher an die »Tanke«, den Treffpunkt von zum Komasuff entschlossenen jungen Menschen, die das Wort »Tankstelle« nicht mehr vollständig auslallen können, sondern es gerade noch zur »Tanke« schaffen, oder, falls sie motorisiert sind, zur »Raste«, der Autobahnraststätte.

Das »Denken«, das »Kennen« und das »Schreiben« sind sächlich abstrakt – in der Umgangssprache werden sie weiblich konkret: die »Denke«, die »Kenne«, die

»Schreibe«. Hat, wer schnell laufen kann, analog »eine gute Renne«? Und wer treffsicher schießt, »die richtige Knalle«?

»Tanke« und »Raste« allerdings sind keine Verweiblichungen, sondern Abkürzungen – Ausdrucksformen also, die einerseits die Sprache schneller machen und andererseits die Souveränität des Sprechers unter Beweis stellen sollen. Wer zugunsten einer Initiative Transparente malt und Flugblätter schreibt, der fertigt in seiner eigenen Sprache – beziehungsweise seiner eigenen »Spreche« – »Transpas« und »Flugis« für die »Ini« an. Das klingt niedlich, cool, locker, flockig und fluffig, es scheint die Zugehörigkeit zur richtigen Gruppe zu beweisen – und es suggeriert, da beherrsche einer den Gegenstand, mit dem er es zu tun hat.

Die DDR-Wortschöpfungen »Plaste« und »Elaste« dagegen dienten ursprünglich der gesellschaftlichen Unterscheidung; »Plastik« und »Elastik« waren englischstämmig, kapitalistisch und böse, Plaste und Elaste deutsch, sozialistisch und gut. Wer heute »Plaste« oder gleich »Plaste und Elaste aus Zschkopau« sagt, betont damit entweder seine DDR-Herkunft – oder demonstriert, durch ironischen Gebrauch, dass er zur DDR auf Abstand hielt und immer noch hält, obwohl es sie längst nicht mehr gibt.

Die Bundesrepublik ihrerseits hatte vieles, das es in der DDR nicht gab – zum Beispiel Religionsunterricht, der bei Schülern selbstverständlich verkürzt »Reli« hieß, manchmal aber auch »Region«. Diese saloppe sprachliche Entheiligung setzt sich fort, wenn im Andenkenladen christliche Devotionalien als »Devos« angeboten werden, was stark nach dem englischen Plural »Devils« klingt, nach Teufeln. Und die Dämonen des Kommerzes und des schlechten Geschmacks stecken ja tatsächlich in jeder Devotionalie, in jedem Kitschbild vom Pontifex, in jedem Kruzifix aus Plastik oder Plaste, das man sogar an der Tanke kaufen kann oder an der Raste.

Inter esse oder Interessen?

Etymologisch stammt das deutsche Substantiv ›Interesse‹ vom lateinischen Verb ›inter esse‹ ab und bedeutet: ›dabei sein‹, ›dazwischen sein‹, ›beteiligt sein‹, ›an etwas Anteil nehmen‹. ›Interesse‹ ist aber auch ein juristischer Terminus, der sich vom römischen ›quod in re est‹ ableitet; in diesem Verständnis heißt ›Interesse‹: ›was in der Sache liegt‹, ›worum es geht‹, ›was von Wichtigkeit ist‹.

Über die Unkenntnis solcher nur scheinbar belanglosen Feinheiten kann ein Präsident stolpern, stürzen, fallen – indem er von Interessen spricht, ohne zu wissen, wovon genau er redet. Der Hang zum routiniert engagierten Herumschwatzen war ohnehin das hervorstechende Markenzeichen Horst Köhlers. Dann aber sprach er im Radio einen Satz, der ihm zum Verhängnis wurde und der wörtlich und ungekürzt so lautet:

> Meine Einschätzung ist aber, dass insgesamt wir auf dem Wege sind, doch auch in der Breite der Gesellschaft zu verstehen, dass ein Land unserer Größe mit dieser Außenhandelsorientierung und damit auch Außenhandelsabhängigkeit auch wissen muss, dass im Zweifel, im Notfall auch militärischer Einsatz notwendig ist, um unsere Interessen zu wahren, zum Beispiel freie Handelswege, zum Beispiel ganz regionale Instabilitäten zu verhindern, die mit Sicherheit dann auch auf unsere Chancen zurückschlagen negativ durch Handel, Arbeitsplätze und Einkommen.

Nachdem ich mich durch den Rohr-frei-Schwall von 76 Wörtern zuerst hindurchgehört und später hindurchbuchstabiert hatte, fragte ich mich bang: Und wer übersetzt das jetzt ins Deutsche? Muss ich denn alles machen? Doch auch dieses Joch noch nahm ich auf mich. Niemals bin ich als staatstragend aufgefallen und werde damit auch nicht anfangen; wenn man aber die Möglichkeit hat, einem Bundespräsidenten bei einer Alphabetisierungskampagne zu helfen, die nicht in Afrika, sondern in seiner eigenen Gummibirne stattfindet, darf man gnädig sein und ein paar Momente Lebenszeit opfern. Behinderte verdienen unseren Respekt; bei den Indianern galten sie als besondere Lieb- und Schützlinge des Großen Manitu, daran will ich mich halten.

Was also sind die Interessen in Afghanistan, die Horst Köhler quallmundig »unsere Interessen« nannte, obwohl sie ganz sicher nicht die meinen und auch nicht die der meisten Insassen dieses Landes sind? Was wollte er seinen Zuhörern mit dem Satz, der ihm einen Ehrenplatz unter den rhetorischen Rosinenbrötchen der deutschen Stammelpolitik sichern wird, verklickern? Dass man ein bisschen interessiert ist an dem, was in Afghanistan geschieht und deshalb in mitmischerischer Absicht bewaffnete und besoldete deutsche Touristen dort hinschickt? Oder dass am Hindukusch selbstverständlich für die Freiheit der Deutschen Bank und der deutschen Rüstungsindustrie gemordet und entsprechend auch gestorben wird?

Köhlers verquollene Worte spiegeln die Verheucheltheit der deutschen Politik, die längst im Krieg ist und sich aber feige und schmutzig herauszuwinden sucht. Die Grünen, die Köhlers Sturz betreiben, sind prinzipiell gegen den Krieg – und in jedem einzelnen Fall schweren Herzens dagegen. Dieses schwere Herz ist der moralische Mehrwert der Grünen. Mit der Gründung der Grünen endete die Politik in Deutschland; der Kleingartenverein ist in zwei Zeilen zusammenfassbar: Ist das Hirn zu kurz gekommen / wird sehr gern Moral genommen.

So ist man wieder da, wo sich alle Öffentlichkeit erschließt: in der Sprache. Hören Sie noch einmal hin:

»Meine Einschätzung ... aber, dass insgesamt wir auf dem Wege sind, doch auch in der Breite der Gesellschaft zu verstehen, ...ein Land unserer Größe ... im Notfall auch militärischer Einsatz ... unsere Interessen ...«

Womit mein Interesse am Schicksal eines sprachlich und kopfmäßig Insuffizienten rückstandslos erloschen ist.

Inter esse an Köhler? – Ach nein!
Wer will schon beim Lallen dabei sein?

Murmeltier und Hechtsuppe

Zum »Tag der deutschen Sprache« am 12. September 2009 fühlte sich die Opernsängerin Edda Moser zu einer Diagnose nicht nur bemüßigt, sondern sogar im Stande. »Die deutsche Sprache verendet wie ein krankes Tier«, behauptete, hochdramatisch und schon selbst schier zuckend, die Künstlerin; ein paar Nummern kleiner hatte sie es offenbar nicht. Die Sprache aber hält viel aus, die hysterisch kitschige Metapher einer Opernsängerin ebenso wie den zeitgleich zum wiederholten Male vergeblich unternommenen Versuch eines Journalisten der *Leipziger Volkszeitung*, einen halbwegs unfallfrei formulierten Kommentar zu schreiben: »Faruk Husni aus Ägypten ist ein Antisemit. Das kommt in den besten Familien dieses und vieler anderer Länder vor.« Dieses Länder? Von Singular und Plural hat der Autor, ein professioneller Schreiber, offenbar noch nichts vernommen. Aber wozu die einfachsten Regeln kennen, wenn es doch nur darum geht, mit den ältesten Gemeinplätzen über die besten Familien der Welt ein gegen Antisemitismus ebenso notorisch geübtes wie aggressiv unempfindliches Publikum anzukumpeln?

Wer die Sprache liebt, wer ihr auf den Grund gehen und ihr auf all ihre schönen Schliche kommen will, hat mannigfach Gelegenheit dazu, und Freude macht das auch. »Hier zieht es ja wie Hechtsuppe«, sagt einer, und der Zuhörer wundert sich: Kann Hechtsuppe ziehen? Und wenn ja, wie macht sie das? Auskunft gibt, wie immer, ein kluges Buch: »Die Redensart ›Es zieht wie Hechtsuppe‹ hat nichts mit dem Fisch zu tun, sondern kommt vom jiddischen ›hech supha‹ – starker Wind«. Diese und andere Erklärungen hat Christiane Schlüter in ihrem Buch »Da liegt der Hase im Pfeffer. Redewendungen und ihre Herkunft« zusammengetragen. »Du kriegst die Motten!« ruft aus, wer seinen Unglauben äußern möchte; ursprünglich sind »die Motten« eine volkstümliche Bezeichnung für Tuberkulose. Wenn einem nicht gleichgültig ist, was man sagt, tut man gut daran, um die Mehrdeutigkeit von Wörtern zu wissen.

Apropos Wissen: »Wer weiß, wo Barthel den Most holt, der weiß, wo es etwas zu holen gibt, kennt alle Tricks und Kniffe. Man denkt an den süddeutschen Barthel (Kurzform von Bartholomäus), und an den Most (den jungen Wein). Die Redewendung kommt aber aus der Gaunersprache Rotwelsch, wo Barthel eigentlich jiddisch barsel ›Eisen‹ bzw. im Rotwelschen ›Brecheisen des Einbrechers‹ ist und Most jiddisch moess, ›Geld‹.« Das schreibt Heike Olschansky in ihrem Nachschlagewerk »Täuschende Wörter. Kleines Lexikon der Volksetymologien«.

Hier bekommt man Antworten auf Fragen, die man sich stellt, wenn man Sprechen nicht für einen bewusstlosen, vollautomatischen Vorgang hält: Ist ein Pappenstiel aus Pappe? Murmeln Murmeltiere? Warum heißt man den Tolpatsch einen Tolpatsch? Handelt es sich bei Fleischpflanzerln wenigstens zur Hälfte um ein vegetarisches Gericht? Wird ein Lungenbraten tatsächlich aus der Lunge eines Tiers geschnitten?

Und ist es nicht soviel reizvoller, sich diese und anverwandte Fragen zu stellen und klug beantworten zu lassen, als verdrossen und gnatterig über den Verfall der deutschen Sprache herumzunöckeln und zu eddamosern?

Damen- und Herrendämmerung

Zum Frauentag

Das Wort »Krise« ist ein Einschüchterungsinstrument. Es soll Angst erzeugen, das ist sein Sinn, und es erzielt Wirkung, eben weil es vage und diffus ist. Wenn man sie distanziert betrachtet, entpuppt sich die Krise als Aufbauschware von so geringem Gewicht, dass die Angst ausbleibt und dem Gelächter weicht.

Viel Feuilletonistisches ist über »die Krise des Mannes« ventiliert worden, und entsprechend geht unter manchen Frauen das Gerücht um, diese Krise sei auch für Frauen gefährlich. Handelt es sich um eine mediale Halluzination, oder gibt es sie tatsächlich, die Krise des Mannes? Und stünde nach der Herrenkrise bald eine Damendämmerung ins Haus? Müssen sich gestandene Frauen wie ich lebenslang um verängstigte Männlein kümmern?

Gegenstand der allgemeinen Klage ist die Annahme, Männer wollten oder könnten keine Männer mehr sein. Es fehle ihnen der Mut zur Männlichkeit. Schuld sei der Feminismus, der durch Erosion des männlichen Selbstbewusstseins auch die Erektion ins Wanken gebracht habe. Der museale Feminismus aliceschwarzer'scher Provenienz habe Männer undifferenziert als »Schwanzträger« verächtlich gemacht; seine Protagonistinnen hätten nichtsdestotrotz erwartet, dass die Träger wie das Getragene auf Wunsch jederzeit zur Verfügung stünden. Schön war das nicht, klug ebenfalls nicht, aber musste man es ernst nehmen?

Das Lamento über den armen Mann wurde weiter angefacht durch Herbert Grönemeyers »Wann ist ein Mann ein Mann?« Die Antwort war leicht: Wenn er solches Geplärre nicht auch noch mitsingt, beispielsweise. Das modische Bedürfnis nach weinerlicher Beschwerdeführung wird durch permanente Selbstbejammerung befriedigt: Man müsse als Mann heutzutage ja nicht nur Ernährer und Verdiener sein, sondern auch noch fanatisch treusorgender Vater, ein Koch auf Profiniveau, ein begeisterter Müllrunterbringer im athletisch gestählten Körper eines Unterhosenmodels, der auch ein diversifiziertes Portefeuille an Freizeitaktivitäten im Angebot hat und jederzeit *bella figura* macht. Bei sogenannten Frauenthemen soll er kein verächtliches Gesicht ziehen, und ein partytauglich skandalöses Buch soll er zumindest soweit vom Hörensagen kennen, dass er halbwegs unfallfrei darüber mitquakeln kann. Das sind so Sorgen. Wer jeder Mode aufsitzt und dann auch öffentlich darüber herumheult, muss sich fragen lassen, ob er nicht aus selbstverschuldeter Dämlichkeit vom Schwanz- zum Leidträger herabgesunken ist.

Die gute Nachricht zum Frauentag lautet: Nicht alle Männer sind dumm. Deshalb sind handkehrum aber nicht schon automatisch alle Frauen klar im Kopf. Auch die tiptopmoderne Frau ist eklektizistisch zusammengeklempnert nach Maßgabe des Konsumismus. Karriere, Kinder und Beauty pellt sie täglich aus dem Ei und geht anschließend nahtlos zu feurigem, hemmungslosem Sex über. Das stimmt zwar überhaupt nicht, aber die Emanzipiertheitsdarstellerin hat zumindest den Katalog der Frauenzeitschriftentaffheit drauf, die Rhetorik, die Körpersprache, den Chic, den Look, und ihr Parfum ist die Suggestion, dass sie zu jeder Zeit über jede Option verfügen könne. Es soll Leute geben, die das »irre spannend« finden und, unangenehmer, das dann auch noch genauso sagen. Und wenn du gähnst, dann gähnt auch ein Teil von mir.

Die »Anforderungsprofile«, von denen zu Beginn des

21. Jahrhunderts soviel die Rede ist, zielen nicht auf Frauen und Männer, sondern auf Konsumenten; geschlechtsspezifische Unterschiede sind nur insofern von Belang, so sie das Konsumverhalten prägen. Für Frauen und Männer dagegen gilt: Sie sind aus Fleisch und Blut und sie reden zuviel, auch und im besonderen über Frauen und Männer. Aber mit Humor und mit einer Ohrendunstabzugshaube ist auch das zu ertragen.

Jesus aus dem Frost

Die Pellkartoffel dampfte, als ich sie zerstampfte. Butter zerlief, Salz wurde in die duftende gelbe Knolle gestreut. Zartgrün leuchtete ein Gurkensalat; Olivenöl, weißer Balsamico-Essig, eine rote Zwiebel, eine Zehe Knoblauch, eine rote Chili und schwarzer Pfeffer ließen drei geschälte und gescheibte Gurken noch schöner aussehen und gaben ihnen Geschmack und Gehalt, Wucht und Wumms. Das Essen war einfach und köstlich, wir aßen mit Appetit und Vergnügen. Auch die Nachbarn hatten ein Einsehen und ließen das Kleinkind ausnahmsweise einmal nicht kreischen. Ich bin nicht kinderfeindlich – im Gegenteil: ich habe etwas gegen blöde, klumsige Eltern.

Das Futter war verputzt. Der Mund der Liebsten schimmerte, die Kräuter auf dem Balkon verströmten ihren Duft. Liebe macht wissend. Wir schwiegen, zündeten kubanischen Tabak an und sahen in den Himmel. Mauersegler und Schwalben flogen durch das große Blau und küssten sich im Flug. Sie schoben sich Futter für die Brut in die Schnäbel, aber es sah aus wie küssen. Gleichzeitig fliegen und küssen können, was für ein Glück. Die Zigarre schmeckte allerdings auch nicht schlecht.

Es klingelte. Besuch hatte sich keiner angemeldet, doch die menschliche Natur tendiert zur Neugier. Alles ist prima und im Lack, aber trotzdem muss man wissen, wer da jetzt klingelt oder anruft oder sonst was will. So doof ist der Mensch gestrickt. Neugier hat die Katze umgebracht, und nicht nur die Katze.

Ich nahm den Hörer der Gegensprechanlage ab und sagte freundlich: »Ja?« Eine Frauenstimme antwortete. »Herr Droste, wir möchten mit Ihnen über das älteste

Buch der Welt sprechen – die Bibel.« Immerhin war es nicht der neue Walser oder ein anderer letzter feuilletonistischer Todesschrei, mit dem man mich belästigte. Aber ich kenne die Bibel; ich habe schlechtere Bücher gelesen, zum Beispiel die von Martin Walser, allerdings eben auch weit bessere. Nein, dachte ich, ich habe jetzt keine Lust.

Mehrfach hatte ich Bibel- oder Glaubensverkäufern die Tür geöffnet und sie höflich auf eine Tasse Kaffee oder Tee eingeladen; wer nach Wahrheit sucht, soll mir willkommen sein. Aber dann war es immer zäh gewesen, schwergängig, ich hatte die ganze Konversation allein besorgen müssen, denn diese Leute waren bloß gedrillt und geschult, sie hatten ein einziges Thema, und wenn das durch war, kam nur noch Ebbe – das waren keine freien Menschen, sondern Truppenteile christlicher Türdrückerkolonnen, fade, ohne Esprit, ohne eigenen Geist. Über Christen Witze zu machen, ist zu einfach – sie bieten sich so an. Aber die Wahrheit kann man ihnen schon mal sagen. Und die heißt, auch für Gläubische: Gegen dröges Ödesein hilft nichts und niemand, nicht einmal ein Gott.

»Die Bibel? Heute nicht. Es ist so ein schöner Tag«, sprach ich in den Apparat und hängte ein. Die Zigarre auf dem Balkon schmauchte noch, die Mauersegler segelten. Ich berichtete der Liebsten; sie fand mich viel zu freundlich und meinte, man solle für frei umherstreifendürfende Christen Löwen halten.

Es klingelte erneut. »Die sind aber hartnäckig«, seufzte ich und ging dennoch zur Tür. »Ja?«, sprach ich abermals und in der Erwartung, nochmals christlich angeschnackt zu werden. »Herr Droste?«, tönte eine Frauenstimme aus dem Hörer; es war aber eine andere als die vorherige. »Ich habe einen Katalog für Sie. Kommen Sie mir bitte entgegen?« Ich hatte wohl meinen mildtätigen Tag erwischt und ging die Treppe hinunter. Eine Frau Mitte 50 mit Kurzhaarfrisur und Brille kam ächzend auf mich zu und drückte mir ein buntes Heft in die Hand. »Firma bofrost. Steht alles drin. Wie erreiche ich Sie nächste Woche telefonisch?«

»Gar nicht«, hörte ich mich sagen und war froh, meinen Verstand wieder am Werke zu sehen. »Macht nichts«, sagte die Frau. »Sie melden sich einfach bei uns. Telefonnummer steht drin.« Sprachs und verschwand – während ich eine bofrost-Broschüre in der Hand hielt, die Treppe hochtrug und sie der Liebsten vorzeigte.

Ein frisches Lebensmittel, das entnahm ich dem bofrost-Heft, ist Mist – einzig und allein das Eingefrorene als solches bringt es, nur das ist gut. Voller Verachtung betrachtete ich die übrig gebliebenen Kartoffeln und den Gurkensalat – was für ein Schangel war das nur, Schruuz und Schrapel, niemals war das gefroren gewesen, wie hatte ich das essen können? Heiße, salzige Tränen würzten meinen Wein. Ich war untröstlich.

Die Klingel didelodiete. Wie mechanisch nahm ich zum dritten Male ab und sagte, leise und ermattet diesmal: »Ja?« – »Herr Droste?« quoll eine Damenstimme an mein Ohr, »Sie haben einen bofrost-Jesus bestellt? Einen Tiefkühl-Christus? Wir kommen jetzt rauf. Wenn Sie keine Tiefkühltruhe haben, können Sie den auch portionsweise wegfrieren.«

Die Liebste protestierte. »So was kommt mir nicht ins Haus!« Aber da war es schon zu spät. Jesus kam hoch, eiskalt und steif, aber selbst das gab sich bald: Der Kerl taute auf, und da hatten wir den Salat. Essen konnte man das nicht, aber die Firma bofrost beteuert inständig, sie nähme alles zurück. Die Telefonnummer steht im Katalog.

Inseln pinseln

Inseln bringen die Phantasie auf Trab. Auf der Insel, auch »Eiland« genannt, ist vieles fremd, geheimnisvoll und jedenfalls ganz anders als auf festem Land. Hier gibt es eigene Gesetze, Schmuggler, Abenteurer, Gestrandete, und hier scheint ein Leben möglich, das anderswo längst in Regelwerke einbetoniert ist.

Immer haben sich Schriftsteller von Inseln inspirieren lassen: Robert Louis Stevensons Klassiker *Treasure Island* weckt Glücksritter- und Freibeutersehnsüchte, die durch keine noch so schwachbrüstige Neuverfilmung kaputtzukriegen sind. In Daniel Defoes *The life and strange surprising adventures of Robinson Crusoe, of York, mariner* wird solitäres Inselleben eher als ein gefahrenreiches und zwangskontemplatives beschrieben.

In Mark Twains *Huckleberry Finn* spielt die im Mississippi gelegene Jackson-Insel keine geringe Rolle als Ausgangspunkt der gemeinsamen Flucht von Huck Finn und dem »Nigger« Jim. Hergés Comic *L'Île noire* lockt jeden Freund der rauhen Welle nach Nordschottland. Albert Vigoleis Thelens *Die Insel des zweiten Gesichts* ist von mehr Welt, Wert und Gewicht, als alles, was die Thelen feindlich gesinnte Gruppe 47 alias Gruppe 4711 in toto zusammenschrieb. Thelen hatte den Fehler begangen, bei den Nationalsozialisten nicht mitzulaufen, sondern frühzeitig zu emigrieren. Das verziehen ihm die Mitläufer nicht. Als sie sich zu so etwas wie Gratisnationalgewissen aufschwangen, konnten Grass & Co. keinen Zeugen brauchen, der, anders als sie, nicht mitgemacht hatte und nicht korrupt war.

James Krüss begann 1948 seine *Historie von der schö-*

nen Insel Helgoland mit den Versen: »Irgendwo ins grüne Meer / Hat ein Gott mit leichtem Pinsel, / Lächelnd, wie von ungefähr, / Einen Fleck getupft: Die Insel.« Krüss, 1926 auf Helgoland geboren, blieb ein Inselmensch und übersiedelte 1966 nach Gran Canaria, wo er 1997 starb. Die zweite Strophe seiner *Historie* geht wie folgt: »Und dann hat er, gutgelaunt / Menschen diesem Fels gegeben / Und den Menschen zugeraunt: / Liebt die Welt und lebt das Leben!«

Man lese das bitte genau: In der Sicht von Krüss gab ein Gott, also einer von vielen möglichen Göttern, dem Felsen die Menschen – und nicht umgekehrt den Menschen den Felsen Helgoland. Womit die Rang- und Reihenfolge klar ist: Erst kommt die Natur, dann kommt der Mensch, dieser eingebildete Fitti und Lutscher.

Nach Helgoland lud mich Kirsten Rickmers-Liebau ein, eine Nichte von James Krüss, zum 80. Geburtstag ihres Onkels am 31. Mai 2006. Sie tat das nicht um meiner blauen Augen willen; ich hatte eins meiner Lieblingsbücher, *Mein Urgroßvater, die Helden und ich* von James Krüss als Hörbuch gelesen und wurde gebeten, Auszüge auch auf Helgoland vorzutragen. Was ich mit Freuden tat. Dabei lernte ich Friedhelm Ptok kennen, einen feinen Vorleser deutscher Zunge, der am 7. August 2008 seinen 75. Geburtstag beging, womit Friedhelm Ptok exakt 50 Jahre jünger ist als Joachim Ringelnatz. Wer noch nicht hörte, wie die Stimme Friedhelm Ptoks die Werke von James Krüss und Georges Simenon zum Leben erweckt, der hat noch viel Schönes vor sich – oder kann in jener Ignoranz weiter vor sich hin brummen, die der Dichter Peter Hacks, ein Lebensfreund von James Krüss, so trefflich beschrieb: »Wer nie vom Schönen je vernahm, vermisst nichts.«

Sechsmal bereisten meine Liebste und ich Helgoland; einmal segelten wir mit Hauke Krüss, einem Neffen von James Krüss, rund um die Insel – und zwar als Mannschaft. Wer sonst nie Mannschaft sein darf, weil er sein eigener Herr ist, weiß, dass genau dieses das Größte ist: Mannschaft sein dürfen, es aber nicht sein müssen.

An einem heißen Sommertag auf der Mole der Düne von Helgoland flog mir, während wir mit Dutzenden anderer Gäste auf das Börteboot warteten, ganz nach Schubert und Heine, der Hut vom Kopfe. Der Wind packte unter die Krempe und ließ den Hut ins Meer segeln. Es war ein Strohhut, und er tat mir wohl. Die Liebste, kein bisschen bange, zog ohne zu zögern Kleid und Schuhe aus, sprang in Unterwäsche ins Wasser, schwamm beherzt – und rettete mit Geschick den Hut. Ich platzte beinahe vor Glück. Man erzähle mir nichts mehr über die Liebe; ich weiß doch, was das ist.

Nachts lagen wir ermattet zu Bette, die wilde See rauschte ins Zimmer, und die Liebste fragte: »Was wollen wir Thunfisch?« Und ergänzte, damit ich den Witz nicht verderben konnte: »Nach Sardinien ausbüchsen.«

Fontane mit Blauhelm?

Von der hindernisreichen Ankunft eines Stadtschreibers zu Rheinsberg

Brandenburg, was sucht der Mensch in Brandenburg? Das ist keine ganz abwegige Frage. Wenn sie allerdings von einem Berliner gestellt wird – »Brandenburch? Watt willsten da? Da könnse doch noch nischma rischtisch Deutsch!« –, wird sie drollig. Worüber der gemeine Berliner allzu billig lacht, das lohnt meist einer nähergehenden Betrachtung. Warum so viele Insassen Berlins lauthals angeben und anderes schlecht machen müssen, begreift man spätestens, wenn man Wien besucht hat. Da findet sich alles, was Berlin schon immer für sich reklamierte, ohne es jemals zu besitzen: Größe, Kultur, Luxus. Gegen Wien sieht Berlin aus wie ein inferiorer kleiner Kläffer, der dauernd bellen, knurren und Männchen machen muss. Und dann der Welt lästig fällt, mit dem Gejaule vom preußischen Ikarus.

Die Einladung, fünf Monate lang Gast-Brandenburger zu sein, ein Brandenburger auf Zeit, nahm ich gern an. Ausgesprochen hatte sie Peter Böthig, Leiter des Kurt-Tucholsky-Literaturmuseums im Schloss Rheinsberg. Von März bis Juli 2009 Stadtschreiber in Rheinsberg zu sein, Logis im Marstall des Schlosses zu nehmen, ausgiebig umherzustreifen und zu schreiben, das klang lässig statt stressig, nach einer guten Mischung aus freier Wildbahn, Inspiration und einer milden Form der Verpflichtung, ohne die, wie Erfahrung lehrt, nichts zustande kommt.

Der Umweg ist das Ziel. Vor der Abfahrt sprang ich,

zwei Taschen in den Händen und in Eile, treppab – rutschte aus und knallte, ohne Möglichkeit, mich abzufangen, ungebremst auf die linke Seite. Autsch. Eine dicke Lippe hatte ich schon öfter riskiert; jetzt aber hatte ich dicke Rippe. Sie schmeckte nicht gut. Rippenprellung tut richtig fies weh, und meine ein-Indianer-kennt-keinen-Schmerz-artigen Versuche, das zu ignorieren, schlugen fehl. Diese Rippe hätte mir Gott sehr gern entreißen und daraus jedwede Eva formen dürfen – doch Gott verzichtete. So schmählich im Stich gelassen, ging ich erst in die Knie und dann in die Klinik. Sie hieß »Bergmannstrost«; da lüge noch einer, die Arbeiterklasse hätte keine eigene Sprache und keine Kultur gehabt. Die hilfreichen Geister in Weiß untersuchten mich und verschrieben mir schmerzstillende Mittel, für die ich der Pharmaindustrie, all ihrer Verbrechen zum Trotz, ewig dankbar sein werde.

Bergmannsgetröstet machte ich mich endlich auf den Weg, stieg in Berlin um, in die regionale Bahn nach Gransee und dort in den Bus nach Rheinsberg. Die letzte Etappe führt durch Brandenburger Straßendörfer mit den landestypisch hohen Umzäunungen und Ummauerungen. Einladend sieht anders aus. Brandenburg war jahrhundertelang immerzu anderer Leute Beute; da lernt man, seine Reize und Schätze gut zu verbergen und Fremde mit Argwohn und Misstrauen zu begneisen. Durchreisende werden in Brandenburg instinktiv als Schlawiner betrachtet und abgewehrt, denn wenn einer freiwillig nach Brandenburg kommt, kann er ja nur Böses im Sinn haben.

Das habe ich zwar nicht, aber wissen das auch die Brandenburger? In Rheinsberg noch kaum angekommen, werde ich von einem Vertreter der regionalen Presse sogleich gefragt, ob ich vielleicht vorhätte, »die Rheinsberger zu beobachten«. Ist das Rheinsberger Stadtschreiberamt ein Blauhelm-Einsatz? Dafür tauge ich nicht, ich war nie Soldat und fange mit Kriegs- und Kriechdienst auch nicht mehr an. Ich bin in Rheinsberg zu Gast – und werde als solcher dann auch empfangen und großzügig zum Mittagessen eingeladen, zu »Fontanes Lieblingsgericht«: Schmorbraten, Rotkraut und Knödel. Das Gericht heißt so, weil Theodor Fontane es an nämlicher Stelle auch schon aß oder doch wenigstens gegessen haben soll (im Berliner Idiom: »jejessen haam soll«).

Ich beziehe die Stadtschreiberwohnung, packe aus und inspiziere die Räume: ein kleines Bad; eine geräumige Küche, der Herd mit zwei Elektroplatten und ohne Backofen wird dem Improvisationsgeschick des Kochs auf die Sprünge helfen; ein Arbeitszimmer mit Blick auf einen Ausschnitt von Schlosspark und Schlosswassergraben, in dem reichlich Enten schwimmen und munter quaken; ein Schlafzimmer, das Bett mit einem Messinggestell, auf einem Schränkchen ein Fernsehapparat.

Zu Hause ist das Fernsehn längst abgeschafft, aber hier kann ich, allein und wie kindlich-heimlich, einen Blick riskieren, zumal das arme Wetter noch von Erkältung geplagt ist. Die Vögel zwar haben schon begriffen, dass der Frühling anbricht, aber die Flora muss noch folgen. Ein erster Rundgang ums Schloss herum und durchs Städtchen ist hoch erfreulich. Im Schaufenster der Fleischereigaststätte ist eine Party zum Frauentag angekündigt, ein »Frauenfest mit Man-Strip«, oben am Haus steht »Heiße Fleischertheke«. Da ahnt man, was das Wort ›Verheißung‹ bedeutet.

Abends mache ich es mir vorm TV-Schirm bequem. Erstaunlich Lehrreiches ereignet sich: »Das Wetter im Ersten wird Ihnen präsentiert von den Finanzexperten der Commerzbank«, sagt der Apparat. Deshalb ist das Wetter so erbärmlich: Die Finanzlinge verstehen davon genauso nullinger wie von ihrem eigentlichen Geschäft, sind aber ganz selbstverständlich daran gewöhnt, dass alle anderen es ausbaden müssen.

In der Mark Brandenburg, die Fontane einst bewandert durchwandelte, sind nicht nur Tellergerichte nach dem

Dichter benannt. Auch die »Fontane-Therme« in Neuruppin, die ich nach ein paar Tagen im noch immer kalten und nassen Brandenburg aufsuche, bedient sich gratis. Solange die Namensnutzer Fontane nicht »Fonty« nennen, wie Günter der Grässliche das tat, mag es ja noch hingehen; »Wir vom Archiv nannten ihn Fonty«, schrieb Grass in sein ungemähtes *Weites Feld*.

Es mutet aber auch seltsam an, in einer Sauna lauter Tätowierte im Namen Fontanes versammelt zu sehen; den schwer gezeichneten Damen widmete ich, im Stillen sitzend und schwitzend, ein kleines Gedicht:

> Die Frau, die sich im Spiegel betrachtet,
> stöhnt auf: »O je, wie war ich umnachtet!
> Ich ließ mir ein garstiges Arschgeweih
> stechen. Verzeih mir, Fontane, verzeih!« –
> Woraufhin Theodor, schwerhörig, spricht:
> »Stechlin verzeihe ich. Barschelbrei nicht.«

Von der Armleuchteralge zur Pedantencreme

Rheinsberger Stadtschreibernotizen

Im Sommer wartet alles auf den Sommer, von dem es heißt, dass er irgendwann kommen soll, vielleicht sogar schon bald? Der Deutsche ist ein romantischer Träumer, dessen Glück nicht im Hier und Jetzt liegt, sondern entweder im Vergangenen, das man sich so schön zurechtverklären kann – »Früher! Da ha'm wir ganz andere Sommer gehabt! Ich sage nur: Stalingrad!« –, oder in der Zukunft, die zwar einerseits weltuntergangstauglich katastrophisch sein muss, allein schon um des beliebten Grusels willen, den Deutschbuch-Schriftsteller wie Christa Grass und Günter Wolf in Kassandrarufen und Unkengesängen kultivierten, die aber dennoch eine bessere werden muss und also sein wird, und sei es nur, um die noch Älteren zu ärgern, die zur Strafe für ihre beneidet schöne Vergangenheit wenigstens nicht mehr an der eben doch noch herrlicheren Zukunft teilnehmen können, jedenfalls nicht im Vollbesitz ihrer Kräfte, äätsch. So vielschichtig, komplex und schwierig ist deutsches Glück – mindestens so kompliziert wie der vorangegangene Satz.

Weniger verschraubte Charaktere fällt das Glück des Augenblicks an: Ein Schwan oder eine Schwänin zieht mit sieben Jungen auf dem Grienericksee dahin, geräuschlos, eine elegante Flotte, die Jungschwäne in der Größe ausgewachsener Enten, aber ganz wollig; auch eine Ente paddelt vorbei, ein Küken im Schlepp, beide bewegen sich vorbildlich selbstverständlich und grübeleifrei. Die Rheinsberger Enten sind ohnehin die heimlichen Herrscher im Städtchen; überall gehen sie spazierenwatscheln, die braunweißen Entendamen genauso wie die grünköpfigen Herren Erpel, und wenn ein Blesshuhn niest, dann rufen sie freundlich »God bless you, Huhn! Naat naat naat naaat!«

Das nährstoffarme Wasser des nahe gelegenen Wittwesees ist so sauber und klar, dass man nicht nur Hunderte von Fischen sehen kann, sondern auch die bis zu fünf Meter lange Armleuchteralge, deren Name sehr gut in den Beleidigungskanon des Polemikerkönigs Käpt'n Haddock hineinpasst: Was wollte denn einer erwidern, wenn man ihn in vollendet höflichem Ton mit der entwaffnenden Invektive »Sie Armleuchteralge!« abfertigte?

In solch erfreulich sinnfreie Überlegungen vertieft und dabei hüfthoch im Wasser stehend, die Füße fest auf märkischem Sand, wird man seinerseits von den Fischlein entdeckt, die neugierig an den Beinen herumknuppern. Der Fisch an sich ist anhänglich, denkt man bei sich, bewegt sich ein wenig, und – schwupps! – ist der schnelle Zischfisch wieder fort, um sich kurz darauf aber wieder zu nähern.

Ein Kollege dieses Fisches lässt sich später im Gartenlokal sehen. Er hat eine offenbar folgenschwere Begegnung mit einem Fischer gehabt und liegt nun gebraten auf einem langen Tablett; wohl einen halben Meter misst dieser Zander von der Schwanzflosse bis zum Kopfe und macht, mit Butterkartoffeln und frischem Weizenbier unter Bäumen serviert, vier Menschen selig.

Zwei von ihnen werden später in diesem idyllischen Gast- und Logierhaus in Warenthin die Nacht verbringen und am Morgen, wenn die Nebel sich gelichtet haben, auf die im Rheinsberger See liegende Remusinsel blicken, sich ein Boot leihen und zur Insel hinüberpaddeln und in einer windstillen Bucht baden. Während die beiden anderen noch am Abend auf ihren flinken Rädern über den Poetensteig zum Rheinsberger Schloss gondeln und dort einen Sonnenuntergang sehen. Rot wie ein Fahrradrücklicht glüht er, und das doppelt, denn er spiegelt sich noch im Schlossraben wider. Und als seien die Radler nicht schon mit Glück überschüttet, dürfen sie im Marstall des Schlosses nächtigen und dem Wind in den Bäumen lauschen.

Mit Stille beginnt auch der nächste Tag, die Kirschen aus Nachbars Garten leuchten herüber, der Kaffee dampft auf dem Herd. Dann hält roh und bestimmend die Arbeitswelt Einzug. Bereits um 6 Uhr 30 rollt ein Trecker auf den Hof des Marstalls; im Anhänger sitzen zwei junge Männer. Das ländliche Bild trügt, denn als die beiden vom Anhänger springen, haben sie Motorsensen in den Fäusten. Mit gelben Lärmschützern auf den Ohren mähen sie das hohe Gras nieder.

Gärtner war einmal ein schöner Beruf; die Vollmotorisierung hat ihm nicht gut getan. Statt der Zufriedenheit nach einer technisch und feinmotorisch anspruchsvollen körperlichen Arbeit verspürt man, von den Vibrationen des Arbeitsgerätes herrührend, den Zittermann, und zwischen den trotz Gehörschutz ausgedröhnten Ohren hallt es leer. Ob Motorsensisten, Lautlaubsauger oder Lautlaubbläser: Es ist ein Bild des Jammers, ein gleichermaßen Groll wie Mitleid weckender Anblick. Diese ihres stillen Wesens beraubte Arbeit macht niemandem Freude, sondern nur krank in Kopf und Gemüt.

Klassische Kulturfolger sind nicht nur Füchse und Bären, sondern eben auch moderne Sensenmänner. Rheinsberg hat viel Kultur zu bieten und zieht entsprechend viele Kulturfolger an. Besonders zahlreich sind sie am Schloss anzutreffen, denn dort lässt die in Potsdam ansässige »Stiftung preußische Schlösser und Gärten« bauen, dort mischmaschint es malmend. Hauptdaseinszweck der Stiftung ist allerdings die Förderung von Schließertum und Ordnungswesen; verbissen wird der Nachweis geführt, dass »Schloss« von »schließen« kommt, von »abschließen«, von »zusperren« und »verriegeln«. Frei umherstreifende Individuen werden als Gefahrenherde ausgemacht und angehausmeistert; wer nicht dick mit Pedanten-Creme eingeschmiert ist, macht sich verdächtig. Das Wort Schlüsselgewalt erfährt durch die »Stiftung preußische Schlösser und Gärten« eine ganz neue Dimension und Bedeutung; Wunschtraum der Potsdamer Bürokratoren ist offenbar der Hochsicherheitstrakt. Den braucht es in Rheinsberg aber überhaupt nicht, wo die Verbarrikadierungsambitionen der Stiftung ins Leere laufen; hier wird nicht einmal ein Knopf aus dem Klingelbeutel geklaut.

Kann die pingelköpfige Potsdamer Stiftung nicht bitte nach Stuttgart umziehen, nach Stammheim, oder in dessen ideologisch-ästhetisches Äquivalent, die Hanns-Martin-Schleyer-Halle? Und dann für immer dort bleiben? Die Berufspreußen träfen in der engherzigen Kehrwochenmetropole Stuttgart auf viele gleichgesinnte Schließerspießer, würden sich also zu Hause fühlen, könnten mit »Stuttgart 21« auch ein phantastisch sinnloses, stilfernes Bauvorhaben betreuen, das enorm viel Geld und noch mehr Stille verschlingt – und rund um die Uhr alles doppelt und dreifach verrammeln und verriegeln dürfen sie im notorisch wohlstandsklemmangstgesättigten Stuttgart auch.

P. S.: Die Preußenstiftung – wen, der sie kennt, kann es wundern? – erwies sich als resistent gegen diese Beratung und quält die Rheinsberger Stadtschreiberinnen und Stadtschreiber bis heute. Die Stiftungspotsdamer wissen nichts von Königen; ein Begabter unter hochgeschätzten ähnlich Gestellten ist ein zwar vordemokratisches, aber im gegebenen Fall vernünftiges Ideal – das in Mediamarktdemokratien wie Deutschland allerdings mit entsprechend kotigen Füßen getreten wird. »Rex« ist in Deutschland zum Anbrüllnamen für mannscharfe Köter oder schlechtes Bier herabgesunken – oder zum kommerziell abwrackbaren Namen für Friedrich II., der 2012 zu seinem 300. Geburtstag in Potsdam dann »Friederisiko« heißen muss, weil die Chefetage der »Stiftung Preußische Schlösser und Gärten« nichts ist als eine marketing- und designerflache Pfründe für Angeber und Abgreifer.

Auf sie mit Idyll!

Der vortragende Reiseschriftsteller lebt als eine Art Nomade im Speck. Gezahlt wird in bar, man hat die Flocken lose und ölt und eiert recht kommod und sorgenfern durch die Welt. Irgendwann steckt naturgemäß der schrappige Finanzminister seine dicke Rübe durchs Fenster, die Seifenblase zerplatzt, und man muss zahlen. Aber das will ich ohne Murren tun; besser so herumzigeunern als irgendwo angestellt und festgezurrt sein. Dass ich in meiner Zeit als Rheinsberger Stadtschreiber, die von Anfang März bis Ende Juli 2009 reichte, dem damals amtierenden deutschen Finanzminister persönlich begegnen würde, konnte ich nicht ahnen.

Von März bis Mai las ich gut dreißig mal auf deutschsprachigen Bühnen in mondänen Orten wie Weimar, Wien, Zürich, Alvaneu und Grünenwald. Pfingsten waren die Lesereisen beendet. Pflichten gab es dennoch; ein Buch über den deutschen Papst war längst überfällig, aber ich wollte diesem seit seiner Hitlerjungenzeit notorisch peinlichen Übereifrigzler nicht wie ein Bewegungsmelder von Fettnapf zu Fettnapf hinterherspringen. Also ließ ich den Papst liegen und im Gegenteil den lieben Gott jeden Tag einen guten Mann sein. Ich kurvte mit dem Rad durch die Gegend, sommerte und badebuchtete am Wittwesee herum und tat alles, um den Fischen und den Entlein ähnlich zu werden. Dem stand nur der dösige Verstand entgegen, der mich beim Wittwesee an Witwe mit nur einem »t« denken ließ und damit auch an den Tucholsky-Herausgeber Fritz »Jott« Raddatz. Diesem kapriziösen Sylter Fischbrötchen hätte ich gern eine Autobiographie mit dem Titel »Ich war Tucholskys Yoko

Ono« in den Mund gelegt, aber zum Glück war ich dazu viel zu freundlich gestimmt und lud mir diese Last nicht auf.

Als Rheinsberger Stadtschreiber bekommt man eine von Handwerkern umlärmte Wohnung im Marstall des Schlosses kostenlos zur Verfügung gestellt; als Salär gibt es monatlich tausend Euro steuerfrei. Meinen Anteil an der Gage für die Rheinsberger Lesungen mit Ralf Sotscheck, F. W. Bernstein, Harry Rowohlt, Rayk Wieland und Fritz Eckenga spendete ich dem Kurt Tucholsky-Literaturmuseum; den Grundsold aber akzeptierte ich selbstverständlich und gab ihn immer direkt in Rheinsberg und Umgebung aus: im Fahrradladen, in der Fleischerei (für köstliche Kaisersülze und stets vorbildlich frisch durchgedrehtes Rinderhack); im Zeitungsladen spielte ich, ganz gegen meine Gewohnheit, sogar einmal Lotto und gewann gleich zwei Euro fünfzig; eine gewaltige Summe, die ich aber sofort in die Rheinsberger Gastronomie zurückfließen ließ.

Als dicken Luxus gönnte ich mir und der Liebsten Karten für die Sommeroper und den Genuss von kubanischen Cigarren, und beides zusammen trug mir, als Drittes, diese Geschichte ein. Seit 1990 gibt es den Rheinsberger Opernsommer; 2009 wurde er an meinem 48. Geburtstagn eröffnet, mit Richard Wagners Frühwerk »Das Liebesverbot«. Diese Oper ist so wenig wagnertypisch scheußlich bramarbasierend, dass Wagner sich später von ihr distanzierte. Ich hatte gute Karten gekauft, es war ein milder Abend vor zauberhafter Schloss-Kulisse, alle Beteiligten waren gut bei Stimmung und Stimme, die Schwalben im Abendhimmel genauso wie das Orchester und die Sängerinnen und Sänger.

Es war Siebenschläfertag und das Wetter nicht hochsommerlich, aber warm und trocken. Zum ersten Mal seit sechs Jahren konnte die Premiere wie geplant im Freien stattfinden. Der Himmel folgte der Inszenierung und färbte sich an den richtigen Stellen orange oder purpurn.

Es war gelungen und heiter, weder zu léger noch zu feierlich, genau richtig für eine Geburtstagsstimmung, jedenfalls für meine.

Am 2. Juli dann fand eine Operngala statt, für die wir keine Karten wollten; ein Ariengemisch, egal wie gut vorgetragen, ist eher Zerstreuung statt Konzentration, Potpourri eben. Den Tag hatten wir am Wittwesee verbracht, im klaren Wasser, ein Enterich kam so forsch herangewatschelt und sah derart kühn aus, dass ich ihn »Wyatt Earple« taufte. Abends kamen wir zum Schloss zurück, die Operngala war hörbar in vollem Gange. Im Park hatte man Tische und Stühle aufgestellt und die Tische weiß eingedeckt. Ich holte eine Flasche Weißwein, zwei Gläser und eine Cigarre aus der Stadtschreiberwohnung, dann setzten wir uns an einen der Tische, der Wind trieb uns sachte die Opernmusik zu, wir lauschten, plauderten, nippten sutsche vom Wein, ich rauchte meine letzte »Romeo y Julieta« im Churchill-Format.

Dann war die Darbietung zu Ende, das Publikum strömte aus dem Schlosshof dem Park zu, eine kleinere Gesellschaft setzte sich an den Tisch nebenan. Einige Gesichter kamen uns bekannt vor; nach kurzer Zeit erhob sich einer der Herren am Nebentisch, kam herüber und begrüßte uns höflich. Mit charmanter Selbstironie sagte er: »Sie kennen mich nicht, aber ich kenne Sie; ich bin hier nur der Bürgermeister, aber Sie sind der Stadtschreiber.«

Dieser freundliche Bürgermeister stellte sich als Manfred Richter vor, bat uns, an seinen Tisch zu kommen, wir nahmen an, und so wurden wir unter anderem Ehrhart Körting, Peer Steinbrück und Manfred Stolpe vorgestellt. Die sozialdemokratischen Politiker machten einen aufgeräumten Eindruck, man war privat, nicht offiziell, und die Konversation war erfreulich ungezwungen. Allerdings bemerkte ich, dass der Bundesfinanzminister immer wieder auf meine Cigarre sah.

Ob er weiß, dass ich den Kasten »Churchills« in der

Schweiz kaufte?, fragte ich mich. Wo für die sündhaft teuren Cigarren immerhin nur gut die Hälfte von dem verlangt wird, was man in Deutschland dafür zahlt? Nach einer Woche Lesereise in der Schweiz hatte ich am Pfingstmontagabend auf dem Zürcher Hauptbahnhof in nahezu letzter Minute noch ein Cigarrengeschäft gefunden und mich eingedeckt, bevor der Nachtzug nach Leipzig abfuhr. Steuer- und zollfrei brachte ich Cigarren mit – aus einem Land, mit dem der damalige deutsche Finanzminister Steinbrück auf Kriegsfuß stand.

Nein, das wird er nicht wissen, dachte ich. Zwar ist Steinbrücks Ministerkollege Wolfgang Schäuble eine Art Stasi auf Rädern; ich dagegen hatte nichts Illegales getan und fand mich überhaupt völlig uninteressant für den badischen Auskuck. (»Badenserisch« gefiele mir allerdings besser als »badisch«; als alter Zivildienstleistender kann ich zu Wolfgang Schäuble, der die von Joseph Goebbels propagandistisch ausersonnene »Festung Europa« als erster deutscher Politiker wieder wörtlich schon propagierte, als er noch laufen konnte, nur sagen: Badense sich doch selber.) Über die Schweiz wollte ich mit Steinbrück nicht sprechen; dort war der Mann unbeliebt, weil er den Schweizer Banken ihre Hehlertätigkeit zugunsten auch deutscher Krimineller offen vorwarf, und diese Offenheit mag man in der Schweiz nicht leiden.

Das Interesse des Ministers an meinem Tabak war allerdings nicht beruflicher, sondern rein privater Natur. Ich freue mich, gerade als Tucholsky-Stipendiat, einem deutschen Sozialdemokraten aus der Patsche helfen zu können, nutzte meinen Standortvorteil, holte den verbliebenen Rest kleinerer kubanischer Cigarren aus meinem Behelfshumidor, dem Kühlschrank der Stadtschreiberwohnung, und ließ die Schachtel herumgehen. Angenehm beherzt wurde zugegriffen. Falsche Bescheidenheit ist etwas Furchtbares – diesen Sozialdemokraten war sie erfreulich fremd. Manfred Stolpe bot mir an, sich mit einem Kasten Cigarren zu revanchieren. Ich wiegelte ab.

Wahlversprechen seien nicht nötig, mir genüge das Beispiel meiner Eltern: wegen Willy Brandt voller Hoffnung in die SPD eingetreten, wegen Gerhard Schröder voller Ekel wieder ausgetreten.

Dann sprachen wir über Angenehmeres, und ich vergaß die Angelegenheit. Zehn Tage später klingelte es. Manfred Richter stand in der Tür, einen kleinen Kasten in der Hand. Er war handbeschriftet: »Dem Stadtschreiber von Rheinsberg mit herzlichem Dank für die Nothilfe am 2. Juli, zugleich für BM Steinbrück und Sen. Körting. Manfred Stolpe«.

Stolpe hatte sich nicht lumpen lassen; das Kästchen enthielt fünf feinste Havanna-Torpedos. Die letzte von ihnen rauchte ich, es musste so sein, an meinem letzten Abend als Stadtschreiber. Und dann war ich weg – aber nur gleich um die Ecke, in Warenthin, einem Dorf mit zwölf Häusern und sechzehn Einwohnern. Es war mir langsam sowieso zu voll geworden im sommerferienüberlasteten Rheinsberg. Nun also wieder Landleben, das Glück der Enten und Fische. Auf sie mit Idyll!

Mehr Licht in Wernigerode

Bei einem Auftritt mit *Jazz, Lyrik, Prosa* im November 2007 im Ratshaus in Wernigerode im Harz musste ich feststellen, dass ich die Buchstaben auf dem Papier nicht mehr klar und deutlich erkennen konnte. Während ich vorlas, begannen die Worte im Buch zu schwimmen. Bislang hatten sie dort immer zuverlässig gestochen scharf gestanden; jetzt erging es den Buchstaben wie meinen Haaren: Sie wurden fahl, sie wichen zurück, sie verdünnisierten sich.

Zum Glück las ich gerade einen Text, den ich einigermaßen auswendig beherrsche, und so trug ich ihn nach einer kurzen, fürs Publikum kaum merklichen Irritation zügig weiter vor und wählte für den Rest der Lesung Manuskripte aus, die in größerer Type gedruckt waren. Eine öffentliche Lesung gewinnt schließlich nicht an Reiz, wenn der Autor sich mühselig durch seine Texte hindurchäugeln muss.

Noch bei der Ton- und Lichtprobe war alles in schönster Ordnung gewesen; der Techniker hatte die Scheinwerfer weit aufgezogen, wir hatten gescherzt; »auch im Schillerjahr: Mehr Licht!« und »Gib Most!« hatte ich gerufen, »pleine pulle«, also »volle Pulle«, aber als es ans Lesen ging, war nur das Saallicht eingerichtet und der Techniker verschwunden. Ich saß im Halbdunkel der Welt und merkte, dass es so nicht mehr ging. Und das in Wernigerode! Da will man doch glänzen!

Anderntags suchte ich die lokale Filiale einer Optikerkette auf; ich möchte den Namen nicht verraten, kann dazu aber sagen, dass es sich nicht um die Firma Wernigerodenstock handelte, sondern um eine, bei der vor mir schon viele Männer vorstellig geworden waren. Eine junge Frau fragte mich, was sie für mich tun könne; ich schilderte ihr, was mich drückte: Bei geringem Lichteinfall könne ich nicht mehr gut lesen. Sie antwortete, das sei ganz normal, und fragte mich nach meinem Alter. 46, gab ich wahrheitsgemäß zurück. Sie lächelte und sagte: »Die meisten kommen schon mit Anfang 40, da haben Sie doch noch Glück gehabt.«

Sollte die scheinbar höfliche Floskel mich trösten? Oder mich nicht doch eher erniedrigen? Oder nur ernüchtern und aus meinen Träumen reißen? Wie tückisch und demütigend das in meinen Ohren klang: »... da haben Sie doch noch Glück gehabt.« Es war mir so unangenehm, von einer jungen Frau wie ein trostbedürftiger Sehbehinderter angesehen zu werden, blind wie ein Maulwurf, einer, dem man über die Straße helfen muss! War es denn bisher nicht so gewesen, dass junge Frauen von mir kompetent getröstet wurden, wenn sie des Trostes bedurften? Nun ja, vielleicht war es nicht so gewesen – aber doch zumindest theoretisch ...!

Ausgerechnet am Tag der Blindheit erkannte ich, wie es um mich stand. Die junge Angestellte des Kettenoptikers war dabei höchst hilfreich. Sie wollte meine Augen vermessen und kam mit einem Plastikgerät an, das aussah wie ein Rechenschieber mit Gläsern. Sie hielt es gegen meinen Kopf, schüttelte unzufrieden und unmutig den ihren, fummelte und zerrte am optischen Instrument herum, hielt es mir abermals ans Gesicht und sagte in schon leicht entnervtem Ton: »Das hat keinen Zweck. Ihr Kopf ist zu groß. Und Ihre Augen stehen zu weit auseinander.«

Das war arg; was können mein Kopf, Hutgröße 61, und meine Augen dafür, wenn ein optisches Gerät nur Konfektionsgrößen und Kleinschädel kann? Die Grobheit, die eigene Unzulänglichkeit einem freundlich sich betragenden Kunden vorzuwerfen und anzulasten, war durchaus verblüffend. Die junge Kettenoptikerangekettete riet mir dann noch einlenkend, ich solle es »doch ruhig einmal in Hamburg oder Berlin versuchen«.

Der Vorschlag machte es nicht besser. Geh in die Großstadt!, hieß das, zu den Freaks und den Wasserköpfen, da kann man einem wie dir helfen, die sind Kummer gewohnt! Ich ignorierte den Begütigung simulierenden Fußtritt. Man soll eben niemals zum Discounter gehen, dachte ich stumm und zog den Hut, einen Satz von Tobias Knopp im Herzen, meiner Lieblingsfigur von Wilhelm Busch:

> Knopp, dem dieses ungelegen,
> Wünscht Vergnügen, Heil und Segen
> Und empfiehlt sich alsobald
> Äußerst höflich, aber kalt.

Dem Rat, in Berlin oder Hamburg um Hilfe nachzusuchen, leistete ich nicht Folge. Und siehe: Nur wenig später half mir ein selbstständiger Optiker in Neuruppin aus der Verlegenheit, nahm ohne jedes Problem die Vermessung meiner optischen Welt vor, die zur einen Hälfte aus minus 0,5 und zur anderen aus plus 0,5 Dioptrien besteht, und fand eine Brille für mich, die so federleicht ist, dass ich manchmal sogar vergesse, sie abzusetzen, wenn ich nicht lese.

Das Schönste aber ist, dass ich, noch nicht allgemein als Brillenträger bekannt, sie nicht aufsetzen muss, falls mir das nicht behagt. Wenn ein Verleger oder ein Plattenfirmling mir einen Vertrag unterbreitet, der randvoll mit dem sogenannten Kleingedruckten gespickt ist, also mit den branchenüblichen Austricks- und Hintergehungsversuchen, habe ich keine Brille mehr beziehungsweise noch nie eine gehabt. Das Kleinkarierte der Welt muss man nicht im Detail kennen; es ist ja unangenehm genug, dass man um seine Existenz weiß, die da lautet:

Gut geschult in Taktik wie in Finten,
Sind Erzeuger winzigster Korinthen.

Ohne Brille lächle ich meine Vertragspartner an, hebe die Arme und sage, in mildem Ton und in jeder Bedeutung der Worte: »Tut mir leid. Ich kann das einfach nicht lesen.« Und dann wird gestrichen, denn was gestrichen ist, kann nicht quälen.
  Sonst aber verleugne ich meine Lesebrille nie, sondern besinge sie in einer

Hymne auf die Lesebrille

Liebe, gute Lesebrille!
Zwar warst du niemals mein Wille,
doch du wurdest mir wesentlich.

Jetzt, da wir uns besser kennen,
will ich all deine Silben nennen:
Le-se-bril-le! Le-se-bril-le!

Denn ohne dich hätte ich
diese Hymne auf dich
niemandem vorlesen können.

Ein überbordender Wuppdich

Nach Wernigerode hatte ich nach meinem ersten Abenteuer dort eigentlich nicht mehr unbedingt reisen wollen. Doch dann kam die Einladung zur Eröffnung der Ausstellung »Neues aus der Graphischen Heilanstalt« von F.W. Bernstein und Heike Drewelow am 21. April 2010, und das von beiden gezeichnete Ausstellungsplakat mit dem Namen »Schnurz & Piepe« war so zart und fein und anrührend – da musste ich hin. Zu sehen gab es Einzelarbeiten beider, aber auch Duette: Bernstein und Drewelow schickten einander Bilder zu, auf dass die oder der jeweils andere an ihnen weiterzeichne, sie verändere, schmücke, störe oder vollende. Bernstein nennt diese Gemeinschaftsproduktionen »Improvisationen von faszinierendem Schnickschnack und überbordendem Wuppdich – Grafik, Gritik und Gomik ohnegleichen«.

Zur Einstimmung las ich in Bernsteins Gedichtband *Luscht & Geischt*, den Bernsteins Freund und Kollege Robert Gernhardt herausgegeben hatte. Das Nachwort »Bedeutung? Gepfiffen!« ist Gernhardts letzter Text, und er ist von großer Freundschaft und nicht minder großer Kennerschaft durchzogen. »Bernsteins Insistieren auf Komik«, schreibt Gernhardt, »seine Unbedingtheit, dieser Komik nicht das zu verwehren, was ihr gemeinhin von der wohlmeinenden Kritik angekreidet wird, die Bandbreite zwischen Feinsinnigkeit – ›köstlich, köstlich‹ – und Grobsinnlichkeit – ›pubertär‹ –: Das macht ihn und sein Dichten zu einem einzigartig exemplarischen Sonderfall deutscher Komik und Nonsenspoesie.«

Beispiele dafür liefert Bernstein reichlich; sein Vierzeiler »Die da oben« zeigt, wie man mit spielerischem Nonsens Autorität untergraben kann:

> Der Chef geht nie aufs Klo
> er macht in seine Tasche
> die trägt er dann aufs Fundbüro
> samt seiner Pinkelflasche

Welcher Chef könnte das dementieren, ohne dadurch aus dem Schabernack erst eine Tatsachenbehauptung werden zu lassen und also Schaden zu nehmen? Er muss sich die alberne Nachrede gefallen lassen. Möge diese kindliche Chefschmähung noch viele Adressaten finden!

Chauffiert vom Frühlingslyriker, Kriminologen und Impresario Marschel Schöne gurkte ich in dessen Vulva, nein: Volvo gen Wernigerode, und lud ihn, dort angekommen, im Gegenzug zu Spargelverzehr ein; am Nebentisch saß der Schauspieler Jaecki Schwarz, kam aber später nicht zur Ausstellung. Warum nicht? Was sonst hatte Wernigerode zu bieten? Herr Schöne und ich folgten zu Fuß den Schildern mit der Aufschrift »Kinderklinik / Hochschule Harz«; auf den zwar nicht beabsichtigen, gleichwohl existenten Zusammenhang zwischen Kinderklinik und Hochschule Harz wies Rektor Armin Willingmann in seiner erfreulich kenntnisreichen Eröffnungsrede hin. Vorher hatten wir uns die Ausstellung angesehen und Poesie nicht nur im Bild gefunden, sondern auch im Wort:

> Rot ist die Liebe
> Rot die Tomat
> Rot ist der Schlips
> vom Sozialdemokrat

heißt es auf einem Bernstein-Blatt. Dann las der 72-jährige Bernstein und sprach auch über seine alten Frankfurter Freunde – »die zum Teil nicht mehr sterblich sind«. So tröstlich, liebevoll und weise hat mir noch niemand den Aggregatzustand des Gestorbenseins beschrieben: Man ist dann einfach nicht mehr sterblich. (Dass F.K. Waechter, Robert Gernhardt, Bernd Pfarr und Chlodwig Poth unsterblich geworden sind in ihren Künsten, ist ohnehin klar, aber das ist etwas anderes.)

Getreu seiner Devise: »Überhaupt Bedeutung – darauf ist gepfiffen! / Was taugen Gedichte, die man begriffen?«, las und erzählte Bernstein; es sei unglaublich schwer, etwas Sinnloses zu tun: Selbst wenn man sinnfrei zeichne, stelle dann der Betrachter sogleich einen Sinn her, ganz egal, ob der nun intendiert oder da sei oder nicht, denn: »Der Kopf ist eine große Sinnmaschine.«

Klar, fein und fern jeder Sinnaufblähung und Bedeutungshuberei sind Bernstein wie seine Künste – und wurden in einer innenarchitektonisch scheußlich nazihaft vertrutzten »Rektoratsvilla« auf dem »Campus« der »Hochschule Harz« präsentiert – die aber kleiner ist als eine durchschnittliche Kleinstadtgesamtschule. Das sind doch Fallhöhen!

Auf dem Rückweg nach Leipzig erzählte Herr Schöne, dass er früher die identisch geschriebenen Worte ›Rentier‹ (wie der ›Pensionär‹) und ›Rentier‹ (wie das ›Wild‹) nicht habe auseinanderhalten können und deshalb schwer in Tüdder gekommen sei; ich konnte berichten, dass ich bei der Lektüre von Karl Mays Heldentaten-Schwarte »Der Ölprinz« als Kind nicht Petrole-um las, sondern Petroleum, wie in »Ehe der Hahn dreimal gekräht hat, wirst du mich dreimal verpetroleumdet haben«.

Anderntags in der Kaufhalle stand in der Schlange direkt hinter mir und hinter seinem Gitterwagen der Karl-May-Fan Erich »Swallow, mein wackerer Mustang« Loest, dessen eigene Schriften in sieben Silben gültig zusammengefasst werden können: Eingedöst bei Erich Loest. Marschel Schönes Rentier-oder-Rentier?-Frage dagegen ließ mich nicht mehr los, und so dichtete ich noch am nämlichen Tage:

Das Rentier und der Rentier

Ein gut betuchter, reicher Rentier
Reitet auf seinem Rentier.
Und singt: »Mein dickes Portejuchhee
Verdank' ich, mein Rentier, dir.

Mein Glück als Rentier hier auf Erden
Erwarb ich mit Rentierherden.
Wie schön ist es, wenn mit Rentieren
Geschäfte sich auch noch rentieren!«

Darauf wirft das Rentier den Rentier ab.
Über Hals und Kopf in den Schnee.
Das Rentier springt fort, rasch im Galapp.
Zurück bleibt, verdutzt, der Rentier.

Das Rentier renntrennt und rennt und rennt,
Was der Rentier spröde »undankbar!« nennt.
»Rent-a-Rentier«, das war's doch gewesen! –
Aber »Rent-a-Rentier«? – Das will er nicht lesen!

Es zeigt der Rentier sich stark konsterniert
Wenn sich das Rentier nicht mehr rentiert.

Göttinger Bernstein

Wie wollen wir leben? Und wo? In Göttingen? In Gö, wie »Gö weg!«? Och nö. Und das ist auch gar nicht nötig, denn der großherzige F. W. Bernstein alias Fritz Weigle hat das schon stellvertretend erledigt. Von 1972 bis 1984 war der Dichter und Zeichner als Kunsterzieher zu Gast in der niedersächsischen Kleinstadt mit studentischem Überquill. Beziehungsweise Überquull? Überquoll? Egal, jedenfalls quellend und quallend studentisch, »the answer, my friend, is blowing in the Fahrradspiegel, ääh, -pingel, äääh, -rücklicht, aber das haben wir ja alles nicht ...«
Der noch immer in Göttingen hausende Komikakademiker Peter Köhler hat eine Auswahl von Bernsteins Göttinger Arbeiten ediert, den Nachgeborenen zur Freude an Bernstein und zum Grusel an Göttingen: *Der Untergang Göttingens und andere Kunststücke in Wrt & Bld*. Das optimistisch stimmende Versprechen im Titel wird divers eingelöst; Bernstein lässt Professor Adorno seinen Kollegen Horkheimer schön salopp korrigieren: »Es gibt kein richtiges Leben in Flaschen.« Das wird im Hause Korkheimer schon so gestimmt haben.
Doch nicht nur schön albern ist das Büchel, sondern auch lehrreich: Man sieht den Zeichner schlingern zwischen Hochschulbürokratie inklusive Forschungsverbot und freier Blättchenwildbahn. Kraft seiner poetischen Weltsicht gelingt es Bernstein, in diesen Niederungen weder zu versumpfen noch zu versauern. Er beschreibt seine Arbeitsweise so: »Offenen Auges tun, was für die Katz ist.«
Dankenswerterweise erfährt man auch, was ein »Ssmö-

kemoul« ist: »›Dat Ssmökemoul‹ ist ein traditioneller Schimpf- und Neckname der Esebecker, denen die Folklore den Versuch nachsagt, einer Sau eine dicke Zigarre ins Maul zu stecken und ›denn hinne undern Sswanze so lange ssukkeln, bet et vorne an de Ssnute dampede ...‹«

So sehe ich ihn, den ich niemals gern sah oder sehe, sogar gernstens: den Statusraucher, hinter der Sau knieend, ihr an der Pupe saugend, vergeblich und vergelblichend ziehend und ziehend. Kein Rauch aber stellt sich ein, niemals, nur die Sau spricht mahnend: »Nicht so schlapp da hinten, Herr Schröder, es gibt kein Recht auf Faulheit, nöiich...?«

So soll der gazpromiske Gerhard Schröder auf ewig leben: als Sisyphus der Heiopeis.

Das kleine Gelbe

Bildung, so lautet ein häufig angestimmtes Lamento, sei ein Privileg der Betuchten und Bevorzugten; den unteren Klassen und Ständen sei Bildung unzugänglich, weil nicht erschwinglich. Wer nicht dumm sterben will, muss aber nicht reich an Geld sein. In Ditzingen bei Stuttgart waltet der Reclam Verlag, und dank der Reclam Universal-Bibliothek – Sie kennen doch diese DIN-A-6-kleinen, gelben Hefte? – ist sehr viel von dem, das zu lesen lohnt, für jeden zu haben. Das kleine Gelbe ist in der Literatur, was das kleine Schwarze in der Couture ist: der Klassiker schlechthin. Und zwar einer, den sich jeder leisten kann.

Gerade mal drei Euro und 40 Cent kostet die Reclam-Ausgabe der »Szenen und Bilder« von Friedrich Karl Waechter. Der im September 2005 verstorbene Waechter nahm sich als herausragender Vertreter der Humorklassik anderer Klassiker an. Sein »Volkstümlicher Denkmals-Entwurf« zeigt Goethe und Schiller in einer Pose, die Waechter zutreffend so beschreibt: »Goethe spielt Flöte / Auf Schiller sein' Piller.«

Womit man bei einem anderen Klassiker ist, bei Peter Hacks und seinem Schauspiel »Ein Gespräch im Hause Stein über den abwesenden Herrn von Goethe«; die Reclam-Ausgabe ist für zwei Euro und 60 Cent zu haben. Im fünften und letzten Aufzug lässt Hacks die Frau von Stein über eine große Frage der Menschheit räsonieren: »Ich liebe dich, – man sagt es, oder man sagt es nicht; was ist dabei? Was ist geändert, wenn man es nicht sagt? Was ist gebessert, wenn man es sagt?« Auch in seinem Gedicht »O Vorsicht der Frauen« hat Hacks das Thema der »Ich liebe dich«-Sagerei bearbeitet. Dreimal heißt es:

»Doch dass sie mich liebt,
Das sagt sie nicht,
Und wenn sie mir
Das Herz zerbricht.«

In der vierten und letzten Strophe aber kehrt Hacks den Refrain ins Gegenteil:

»Und dass sie mich liebt,
Verbirgt sie nicht,
Und wenn sie mir
Das Herz zerbricht.«

Und sofort ist wieder F. K. Waechter am Zug, der den amourösen Bekenntniszwang ebenfalls thematisierte. In seinem Blatt »Die alte Leier« lässt Waechter einen Mies-und-Fiesling eine schöne Liebende zum Weinen bringen: »Ich liebe dich, ich liebe dich! Ich kann es nicht mehr hören, dieses Ich liebe dich!«, nölt der Kerl grob und mit rohem Munde. Auf dass man ihn zwar schäbig findet, sich aber dennoch fragt: Warum sagen alle immerzu und ausschließlich »Ich liebe dich«? Muss es denn immer so einfallsarm und drögebäckerisch zugehen und sein?

Liebe? Kann man das höchste der Gefühle nicht besser in Worte fassen, die weniger verbraucht, konfektioniert und abgeklappert sind? Die Varianten, die gemeinhin sonst noch Verwendung finden, sind allerdings übel: »Ich habe dich lieb« ist die Schwachversion: als ob sich einer nicht richtig traut. »Ich hab' dich lieb« geht gar nicht, das hat den unverbindlichen Klang von Wohngemeinschaft und Studentenfutter. Nein, es ist wohl gerade die starre, redundante Formelhaftigkeit, die den Worten »Ich liebe dich« ihre klassische Wucht gibt. Adressatin oder Adressat wollen offenbar überhaupt nichts anderes hören als genau diese drei Zauberworte: »Ich liebe dich.« So ist es richtig, so gehört es sich, so hat alles seine gute Ordnung: »Ich liebe dich«, basta. Neuschöpfungen, Extempores und originelle Variationen sind eindeutig nicht erwünscht, werden als furchtbar und ganz unpassend empfunden und sind also zur Erfolglosigkeit verdammt.

Das wusste auch F. K. Waechter. In einer seiner zahllosen großen Szenen zeichnete er einen Mann, der, einer Frau zu Füßen liegend, bekennt: »Ich liebe Sie!« Die Frau lächelt, will es aber ganz genau wissen: »Sie? Mich? Mit allen Fasern Ihres Herzens?« Woraufhin der Mann, das Gesicht noch immer im Staube, bekräftigt: »Jawoll!« Schöner kann man das nicht machen.

Wer blöde sterben will, mag es tun – dann aber bitte auch möglichst zügig, leise und nicht darüber herumjenkernd, dass er angeblich dazu verurteilt sei. Dass man sich gegen angebliches »Schicksal« stemmen kann, hat Peter Hacks in seiner Geschichte »Pieter Welschkraut« überzeugend ausgeführt. »Das Schicksal« hat bei Hacks eine Anschrift: »hinten in den gelben Seiten« und ist »aufgeführt zwischen ›Schicklichkeitsaufsicht‹ und ›Schifffahrtsamt‹«. Es handelt sich beim »Schicksal« um »ein trockenes Männchen mit blöden Augen«, man kann es in die Ecke werfen. Solange der Reclam Verlag das kleine Gelbe zu einem Preis kultiviert, den Schaumschläger und Windmacher für einen »Latte Macchiato« ausgeben, behaupte bitte keiner wohlfeil, ihm sei bildungsbange zumut.

Die Freuden der Vernunft

»Ruhm und Glanz sind mir gegeben.
Staunen brandet zu mir hin.
Teufel auch, das wird ein Leben,
Wenn ich erst gestorben bin«,

spottete der Dichter Peter Hacks zu seinen Lebzeiten. Die Verse waren prophetisch. Seit seinem Tod am 28. August 2003 ist öffentlich weit mehr und viel freundlicher die Rede von Hacks als in den letzten Jahren seines Lebens – in denen Hacks mit pointierten Galligkeiten auf äußerste Distanz zur allgemeinen Jubelpflicht ging, die 1989 in Deutschland ausgerufen wurde. Dem organisierten Massenkrakeel der Millenniums-Feierlichkeiten beispielsweise stellte Hacks seinen Toast »Auf das 21. Jahrhundert« entgegen: »In Blut und Scheiße kam auch ich zur Welt. / Es ist oft nicht der Anfang, der gefällt.« Typisch für Hacks ist dabei nicht nur die Entschiedenheit, mit der er seine Anschauung der Welt vorträgt, sondern auch die klassische Form, in die er sie gießt. Das englische Couplet, zwei mal zehn Silben kurz, geht zurück auf den Dichter John Donne, einen Zeitgenossen William Shakespeares und von Hacks nicht minder hoch geschätzt als dieser.

Hacks brachte die geschliffene lyrische Kurzform zu neuer Blüte. »Die Glocke stört, es stört der Muezzin. / Man bringe sie zum Schweigen, die wie ihn«, lautet sein »Recht auf Gleichbehandlung«. So souverän schlichtet Hacks geistauslöschende Religionsstreitigkeiten: Er schickt einfach alle Beteiligten vom Marktplatz zurück ins heimische Privatissimum, dem angestammten Platz für unsinnige Ansinnen aller Art. Auch der geballten Hirnerstickungsmacht des Fernsehns vermochte Hacks noch Esprit abzutrotzen und dichtete den »Hingang« eines medial Gequälten: »Er sah noch eine halbe Nacht lang fern, / Jeden Kanal, und starb dann äußerst gern.«

Dessen ohngeachtet wird Peter Hacks posthum auch von Religionsvertretern und von Medienexistenzen öffentlich geehrt und vereinnahmt. Martin Mosebach attestierte Hacks in einem Nachruf einen »Geist wie kalter Champagner«, der zum Liturgiefanatiker Mosebach selbst allerdings nicht durchdrang. Frank Schirrmacher, Generalintrigant des deutschen Feuilletonbetriebs, umarmte die Leiche von Hacks zu dessen 80. Geburtstag mit einem Wort von Johannes R. Becher: »Er ist unser.« Es las sich wie ein gebrülltes Vaterunser am Grab eines Aufgeklärten, der mit Gottentotten jedweder Couleur zeitlebens nichts zu tun hatte, und das nicht aus Mangel an Gelegenheit dazu, sondern aus eigenem Entschluss.

Wie ja Hacks, geboren am 21. März 1928, auch aus eigenem Antrieb die Bundesrepublik verließ und 1955 Theaterdichter am Deutschen Theater in Ostberlin wurde. Die DDR nannte er »mein Land« – und wurde dennoch auch in der Bundesrepublik eine Berühmtheit. Sein Kinderbuch »Der Bär auf dem Försterball« erschien zuerst im Westen und ist, mit den Illustrationen von Walter Schmögner, ein Klassiker des Genres bis heute. Sein Theaterstück »Ein Gespräch im Hause Stein über den abwesenden Herrn von Goethe« machte Hacks regelrecht zum Star. In den 70er Jahren galt er auch in der westlichen Welt als größter lebender deutscher Dramatiker.

Das änderte sich schlagartig nach der Einweisung Wolf Biermanns in die Bundesrepublik, die Hacks als den durchaus verschmerzbaren Abgang einer kabarettistischen Nervensäge ansah. Seine Entscheidung, das auch öffentlich zu sagen, kostete Hacks nicht nur jede Menge Tantiemen, sondern auch Ruhm und Reputation. So stand

Hacks ziemlich allein, als er die deutsche Wiedervereinigung eine »Konterrevolution« nannte. Weitere zwanzig Jahre später allerdings lachen nicht so Wenige, wenn sie das alte Couplet »Blondinenwitz« von Hacks lesen oder hören: »Blondinen, wenn von Ost nach West ihr flöht, / Wär das Niveau in West wie Ost erhöht.«

Auch im Westen liest man wieder Hacks. 2006 brachte der Dichter F.W. Bernstein, jedermann bekannt durch seinen Klassiker »Die schärfsten Kritiker der Elche / Waren früher selber welche«, bei Reclam den Band *Liebesgedichte* von Peter Hacks heraus. In seinem »Klosteridyll« beschreibt Hacks einen sinnenfrohen Abt, der Mönche und Nonnen beim Liebesspiel überrascht, mit diesen Versen:

»Ab Kinder, rief er, in die Kissen,
Verschafft euch eine frohe Nacht.
Ich selbst will eben zur Äbtissin,
Wir sehn uns dann zur Frühandacht.«

Wie freundlich, wie heiter, wie fern der Doppelzüngigkeit – und wie human auch die Ansicht von Hacks, religiös organisierte Erwachsene könnten Freude an sich und ihresgleichen empfinden, statt sich, wie ihre trübe Praxis es zeigt, über schutzbefohlene Kinder herzumachen.

Hacks ist nicht nur als Dichter und Dramatiker ein Klassiker, sondern auch als Essayist. »Die Maßgaben der Kunst« hat er seine Aufsätze genannt; ihre Lektüre ist immer erhellend, erhebend und erheiternd, gerade weil Hacks die Schwere der Stoffe nicht scheut, sondern ihnen mit einer Leichtigkeit des Tons begegnet, die in Deutschland so selten ist. Hacks weiß auch, warum das so ist: »Es kommt meist nichts dabei heraus, wenn Philologen Humor entwickeln.« Akademischem und feuilletonistischem Schwurbel setzt Hacks die Freuden der Vernunft entgegen. Ganz nebenbei und angemessen kurz erklärt er beispielsweise, was sonst in medialen Endlosschleifen als Jugendkultur abgefeiert wird: »Jugendliche sind ja schon zufrieden, wenn ihrer nur recht viele an einem Platz beisammen sind.« Das schrieb Hacks zwar über einen Auftrieb deutscher Burschenschafter vor 200 Jahren auf der Wartburg – aber so gut hat mir noch niemand die Ursache trostferner Umzüge wie der »Love Parade« beschrieben.

Der Dichter Peter Hacks war auch insofern eine Ausnahme, als dass er seine Aufmerksamkeit selten auf eine Ausnahme von der Regel richtete, sondern vielmehr auf die Regel selbst; eine Ausnahme hat ihr Recht, weil es ohne sie keine Regel geben kann. Da aber geltungs- und publicity-süchtige Künstlerdarsteller genau jene Regel bilden, die sich als die Ausnahme von ihr geriert, machte Hacks ausnahmsweise eine Ausnahme von der Regel – und war die Ausnahme, die – aus der Überzeugung, die nicht auf Gläubischsein, sondern auf Kenntnis beruht – der Regel treu blieb. So ließ sich erkennen, dass Jahrhunderte irren können und Einzelne gegen sie Recht behalten – wobei Recht behalten nicht im juristischen Sinn oder als Rechthaberei misszuverstehen, sondern als Aussprechen von Wahrheit zu begreifen ist.

Um das klare Denken zu ermöglichen, muss man selbstverständlich das pluralistisch genannte Beliebigkeitsgebrabbel ausschließen, in dem das Idiotische, das Selbstreferentielle oder einfach bloß das jede schöne Stille mit Gewäsch Abtötende gleich viel und wert gilt wie das ernsthaft Suchende und damit, zumindest versuchsweise, eben auch das Findende. Pluralismus ist das Nebeneinander jeder nur erdenklichen Denkverweigerung und damit die Welt- und Medienreligion aller, die nichts zu sagen haben. Sie preisen den Pluralismus, weil er ihre Substanzlosigkeit in den Rang eines Grundrechts erhebt und es als solches auch aggressiv verteidigt.

Peter Hacks ist längst der Holperstein geworden, der zu sein er sich in seinem Gedicht »Tagtraum« wünschte:

»Ich möchte gern ein Holperstein
In einer Pflasterstraße sein.

Ich stell mir vor, ich läge dort
Jahrhunderte am selben Ort,
Und einer von den Kunsteunuchen
Aus Medien und Kritik
Käm beispielsweise Hacks besuchen
Und bräch sich das Genick.«

»Ich reiße jetzt das Schlusswort an mich«

Die »Berlinische Dramaturgie« von Peter Hacks und Kollegen

Wer in der Bundesrepublik aufwuchs, kennt Aurora nicht als Göttin der Morgenröte, sondern als schneeweißes Mehl. »Aurora mit dem Sonnenstern« lautete der Reklamevers für die Erzeugnisse der Kölner Massenmüller. 2009 wurde in Berlin der Aurora Verlag gegründet, der sich ausschließlich der Erforschung und der Verbreitung des Werkes von Peter Hacks widmet.

Dreißig Mal rief der Dichter und Dramatiker Peter Hacks in den Jahren 1972 bis 1990 Kolleginnen und Kollegen in die Akademie der Künste, um mit ihnen Theater besser verstehen und machen zu lernen. Als Spiritus rector, als anfeuernder Geist debattierte Hacks mit Helmut Baierl, Christoph Hein, Wolfgang Kohlhaase, Heiner Müller und vielen anderen über Dramatik, über Ästhetik und Technik des Theaters.

Die Protokolle dieser Gespräche wurden im Frühjahr 2010 veröffentlicht; die Hacks-Kenner Thomas Keck und Jens Mehrle haben die »Berlinische Dramaturgie« mit großer Sorgfalt ediert und hoben einen nahezu 2300 Seiten starken Schatz, eine geistige, künstlerische und rhetorische Arbeit, von der heutige Theaterleute sofort und direkt profitieren könnten, so sich ihr Ehrgeiz nicht darin erschöpfte, das übliche Renn-, Brüll- und Körperflüssigkeitenspritztheater aufzuführen. Hacks' Auffassung vom Theater war eine, die es gut mit den Zuschauern meinte, denen der Dichter keine undefinierten, wolkigen Befindlichkeiten vor die Füße göbelte, sondern ihnen im Gegenteil etwas Kluges und klar Ausgearbeitetes anbot: »Für das Publikum gibt es keine Anwesenheitspflicht, und deshalb ist es unsere Aufgabe, ihm die Anwesenheit angenehm zu machen. Das ist Dramaturgie«, erklärt Hacks so schlüssig und bündig wie publikumsfreundlich.

Wie sich ein Treffen unter DDR-Theaterprofis zutrug und abspielte, beschreibt Jörg-Michael Körbl: »Von der ersten Sekunde an war Peter Hacks der Meister und Held dieser Zusammenkunft. Mit bestechend freundlicher Ironie begrüßte er seine Kollegen, die mehr oder weniger berühmte, aufgeführte, nicht mehr, nie oder nie mehr aufgeführte DDR-Theaterdichter waren.« Die Sache beginnt am 18. Dezember 1972 mit der »Kritik der Hegelschen Dramentheorie«; Hacks legt freudig los: »So wie bei einem gültigen Drama die Hauptschönheit bereits in seiner Vorgeschichte liegen muss, so liegt die Hauptschönheit dieser Sitzung bereits in ihrer Vorgeschichte. Wir alle haben wieder einmal im Hegel gelesen.«

Bei den Gesprächen in der Akademie saßen offenbar keine Sitzungshelden und Gremienlöwen beisammen, keine literarisch sich alibisierenden Vereinsmeier. Hacks wollte mit guten Leuten gute Arbeit machen. Dementsprechend war er exzellent vorbereitet – und erwartete das auch von seinen Mitstreitern.

Am 15. Dezember 1975 bekennt Hacks: »Ich habe irgendwann einmal in meiner Naivität und richtig noch als Kind und ungezogen, wie ich war, zu dem Brecht gesagt: Wissen Sie, falls Sie mal interessant sind, dann ist es doch nur, weil Sie die alten Tricks benutzen. Nein, sagte Brecht, ich benutze kein einziges Mittel, das jemals vor mir ein Dramatiker benutzt hat. Daraufhin sagte ich: Wissen Sie, schauen Sie doch in ›Mutter Courage‹, die ersten drei Szenen. Da war er angeekelt und schmiss mich raus.

Was da vorgeht, ist richtige, uralte Klamotte. Mutter Courage sitzt hinter dem Wagen, und vor dem Wagen wird der Sohn verkauft. Das heißt, der Held ist blind, das Publikum weiß mehr als der Held. Das habe ich ihm erzählt, und er war so über die Maßen sauer, weil er doch das völlig neue Theater geschaffen hat.«

Als Benito Wogatzki sich einmal beschwert, dass Hacks' Worte ihn hart treffen, entgegnet Günther Rücker lakonisch: »Hacks trifft immer jemanden hart.«

Dabei ist Hacks so aufgeräumt und durchheitert wie ein kluges Kind, das sich die DDR nicht nur als sein Land und seine Gelehrtenrepublik erwählte, sondern sie sich auch, als Primus inter pares, selbst erfand und gestaltete. Er geht gleichermaßen pragmatisch und poetisch vor und eröffnet die Sitzung zum Thema »Was heißt und zu welchem Ende studiert man Dramaturgie?« am 10. November 1988 auf die ihm eigene Weise so: »Die Geräusche, die sich gebildet haben aus Personen, die sich zurechtrücken, Personen, die ein Gespräch zu Ende führen, Personen, die noch husten, führen uns auf einen der vielen Sätze, auf die wir im Verlauf unserer Arbeit kommen werden; er lautet: Wenn Sie ein Theaterstück schreiben, tun Sie nie eine unverzichtbare Information in den ersten Stücksatz, sie wird wahrscheinlich nicht gehört werden.«

Hacks, das bezeugen seine Zeilen allesamt, ist zeit seines DDR-Lebens unangekränkelt von jedem Anhauch des Entmutigtseins. Hacks spricht in fröhlicher Entschiedenheit, / die schönsten Sätze für die Ewigkeit. Zum Beispiel diesen: »Ich reiße jetzt das Schlusswort an mich.«

Am Ende seiner Abschiedsrede in der 30. und letzten Sitzung am 7. Mai 1990, die in Hacks' Anschauung der Welt »unter den Bedingungen einer statthabenden Konterrevolution und während der Besetzung durch eine ausländische Macht« stattfand, fasst Hacks die über 27 Jahre dauernde Arbeit dann allerdings so zusammen: »Diese Arbeitsgruppe war ein extremer Fall von gesellschaftlichem Luxus. Luxus ist nur im Sozialismus erhältlich und wird fortan nicht mehr erhältlich sein.«

Hacks meinte das ganz ernst. Als ich ihn zum Ende eines meiner Besuche bei ihm zu einer Lesung im Benno-Ohnesorg-Theater in der Volksbühne am Rosa-Luxemburg-Platz einlud, sah er mich streng an und fragte mich mit der ihm eigenen beißenden Freundlichkeit: »Mein lieber Herr Droste, was habe ich Ihnen angetan, dass Sie mich in diese öffentliche Toilette zerren wollen?« Ich sagte daraufhin nichts und kam auf das Thema auch nicht wieder zu sprechen.

Dass der Aurora Verlag die Dokumente der ganz und gar nicht beliebigen großen Freisinnigkeit des Dramatikers Peter Hacks der Öffentlichkeit zugänglich macht, ist hoch erfreulich. Diese Empfehlung hat nur eine Einschränkung: Die Umschläge der Bücher lassen die Blindenhunde knurren. Schief und schräg gestellte, bunte Schriften verrätseln den Inhalt der Bücher, als wollten sie jeden Interessierten in die Flucht schlagen nach der Regel: Gestaltungsprinzip? Das gibt's, und es heißt: / Der Triumph der Graphik über den Geist.

Dafür ist Gutenberg nicht gestorben, und daran stirbt leider kein zu Guttenberg. Man soll sich davon dennoch in kein Bockshorn jagen lassen. Denn wenn man die Umschläge hinter sich gebracht hat, kommt ein Berg Gutes.

In einem Gespräch mit den Herausgebern Thomas Keck und Jens Mehrle im Sommer 2007 stellte die zwei Jahre später verstorbene Anna Elisabeth Wiede die abschließende Frage: »Gibt es eine Art von geistigem Besitz der Gesellschaft, der verteilt werden kann?« Die fünfbändige Ausgabe der »Berlinischen Dramaturgie« gehört zum geistigen Besitz einer Gesellschaft, die nicht mehr existiert. Den geistigen Überfluss, den die DDR sich mit Hacks leistete und der in dieser Ausgabe dokumentiert ist, gibt es tatsächlich nicht mehr. In der deutschen Einheitsgesellschaft, die seit 1990 die DDR und die Bundesrepublik ersetzt, führen geldschrappige Halbalphabeten das, was sie Bildungsdebatten nennen.

Der Försterballbär

Was will ein Bär auf dem Försterball? Was hat er dort zu suchen? Ist er auf Gefahr aus? Fordert er sie leichtsinnig heraus? Ist er dem Esel verwandt, der aufs Eis geht, weil ihm zu wohl ist?

Peter Hacks' Geschichte »Der Bär auf dem Försterball« lässt sich in Kürze so erzählen: Ein betrunkener Bär verkleidet sich im Karneval als Förster, torkelt zum Försterball, wird als Oberförster begrüßt, feiert mit den Förstern und animiert sie, mit ihm Jagd auf den Bären zu machen. Als sie den Bären im Wald nicht finden können, führt er sie zu seiner Höhle, die allerdings leer ist. Sie kehren ins Balllokal zurück, wo der Bär erklärt, es müsse sich wohl einer von ihnen als Förster verkleidet haben. Daraufhin kucken die Förster den wehrlosesten von ihnen als Bären aus und beschließen, ihn zu schießen. Der Bär macht sie auf ihren Irrtum aufmerksam; just als die Förster entdecken, wen sie vor sich haben, kommt die Frau des Bären dazu, zerrt ihren Mann aus der Kneipe und geht mit ihm nach Hause. Der Bär aber lässt keinen Zweifel daran, dass er Unsinn solcher Art zu wiederholen gewillt ist. Ende.

Soweit die Fabel der Geschichte, die gleichermaßen grotesk, absurd und realistisch ist. »Der Bär auf dem Försterball« ist kein Märchen, aber märchenhaft schön erzählt. Peter Hacks wählt die Worte mit großer Sorgfalt, seine Sprache ist Poesie, reich und dicht. Wassersuppe schreiben andere. Bei Hacks ist der Bär nicht nur gut gelaunt – er ist »von der besten Laune«. Er schwankt, denn er hat schon »ein paar Kübel Bärenschnaps getrunken«; er hat sich als Förster maskiert, im Wald kommt ihm der richtige Förster entgegen, »quer über den knarrenden Schnee«. Wer einmal durch tiefen Neuschnee lief, hat das Geräusch sofort eindrücklich im Ohr.

Der echte und der falsche Förster begrüßen einander: »›Brumm‹, sagte der Bär, und sein Baß war so tief wie die Schlucht am Weg, in die die Omnibusse fallen.« Hier zucken pädagogisch wertvoll orientierte Eltern zum zweiten Mal zusammen: Erst dieser Alkohol, und dann noch Omnibusse, die in die Schlucht fallen – ist das kindgerecht? Dürfen Kinder darüber lachen? Ob sie dürfen, weiß ich nicht – sie lachen. Und wie sie lachen!

Für große Freude sorgt auch das Gebaren der Förster: »Sie stapften durchs Gehölz. Sie schossen mit ihren Flinten in die Luft. Sie riefen Hussa und Hallihallo und Halali, wovon das eine so viel bedeutet wie das andere, nämlich gar nichts, aber so ist das Jägerleben.« Womit das Wesen der piff-paffenden Grünröcke so gültig wie komisch zusammengefasst ist. Wenn die Förster es dem Bären nachtun und, wie er, Hagebutten fressen und sich ausschütten wollen vor Spaß, dann weiß man, wie plemmplemm die Menschen sind.

Die Meute folgt dem Anführer. Egal, was der Bär tut: Die Förster laufen hinterdrein. Als er ihnen bedeutet, dass einer der Anwesenden ein falscher Fünfziger sein muss, suchen sie sich ohne Zögern den Schwächsten und Schüchternsten als Opfer aus. Erwachsene, die ihre Welt nicht so beschrieben haben möchten, wie sie ist, sondern vielmehr so, wie sie nach ihren Vorstellungen zu sein hätte, wehren und wiegeln an dieser Stelle ab und beteuern: »Nein, so sind die Menschen nicht!« Kinder wissen: Sind sie wohl!

»Der Bär auf dem Försterball« verströmt eine Heiterkeit, die, weil sie nicht auf Heuchelei basiert, eben auch nicht erzwungen ist, sondern souverän: Es ist gut, sich nichts vorzumachen. Erkenntnis verdirbt entgegen allem landläufigen Geblöke eben nicht die gute Laune, sie ist im Gegenteil Voraussetzung dafür. In Hacks' Sprache kommt Wahrheit leichtfüßig und springlebendig daher: »Die Förster gerieten in einen Tatendrang«, und die Frau des Bären »biss den Bären in den Nacken, damit er nüchterner würde«. Irrsinn ist männlich, Klugheit weiblich.

Ich bekam das Buch im Alter von etwa elf Jahren geschenkt, die Ausgabe mit den Illustrationen von Walter Schmögner, der die Geschichte in demselben heiteren Geist zeichnete, in dem Hacks sie schrieb. Nichts wird beschönigt. Die Spezies Mensch sieht ziemlich dumm aus, sehr gemein und, unfreiwillig, saukomisch.

»Der Bär auf dem Försterball« ist ein Glücksfall von einem Buch. Zehn Minuten braucht man, um es zu lesen, der Nachhall dauert ein ganzes Leben lang an. Sicherlich gut hundertmal habe ich den Försterbären, wie ich das Buch als Kind nannte, vorgelesen. Es hat keine Silbe zuviel und nicht einen falschen Ton. Es ist weise, es ist drollig, es ist wahr, es pädagogisiert nicht, und wenn man es ausgelesen hat, ist man von der besten Laune. Hacks bevormundet nicht und beantwortet deshalb nicht alle Fragen, die er stellt. Selbst wenn man das Buch schon auswendig kennt, liest man es wieder und wieder, um irgendwann vielleicht doch noch das größte aller Menschheitsrätsel zu lösen: Was will ein Bär auf dem Försterball?

P.S. zur Editionsgeschichte:

Peter Hacks schrieb die Geschichte »Der Bär auf dem Försterball« 1953, in seiner Münchner Zeit, für die Sendung »Betthupferl« beim bayerischen Kinderfunk, den Hacks 1951 in seinem ersten Brief an Bertold Brecht als »eines der freisinnigsten Kulturinstitute Münchens« bezeichnete. Gedruckt erschien »Der Bär auf dem Försterball« erstmals 1966 in der Anthologie »Dichter erzählen Kindern« im Middelhauve Verlag, herausgegeben von

Gertrud Middelhauve. Die von Walter Schmögner illustrierte Einzelausgabe erschien 1972 bei Middelhauve und später in diversen weiteren Verlagen.

In der DDR wurde »Der Bär auf dem Försterball« erstmals 1986 im Kinderbuchverlag Berlin veröffentlicht, in der Sammlung »Kinderkurzweil« von Peter Hacks, illustriert von Klaus Ensikat. (Ein leider äußerst schlampig gemachter Nachdruck der »Kinderkurzweil« erschien 2006 in der Reihe »Unsere Kinderbuch-Klassiker« bei Faber & Faber, Leipzig.) »Der Bär auf dem Försterball« erschien 2006 in einer von Peter Gut illustrierten Ausgabe auch bei Kein & Aber, Zürich. Die von Walter Schmögner illustrierte Ausgabe wurde 2004 im Eulenspiegel Verlag neu aufgelegt.

Moha, Mett
und Onkelzdeutsche

Als höflicher Mensch und Gastgeber möchte ich gläubischen Islamis statt einer unschmackhaft christlichen Oblate nicht etwa sich auf sie reimende Salamis, sondern vielmehr freundlich ein weit ergiebigeres Mohamettbrötchen anbieten. Der Essener Zeichner und Fotoartist Jamiri hat diese großzügige Offerte fein- wie grobstofflich angemessen und appetitlich als türkisches Freizeit- und Partyfutter inszeniert; im farbigen Original schimmert die obere Brötchenkante so sublim wie muslim islamschimmelgrünlich. Was aber werden die Türken – bzw. »die Dürgen«, wie der fränkische resp. wrängische Verleger Klaus Bittermam (alias Glaus Piddermann) sie ausspricht – dazu sagen?

Vielleicht nehmen sie ja mit »Deutschland in 3 x 30 Silben« vorlieb?

Ein Vorteil heißt im Osten: weniger Islam-Arschgeigen.
Ein Nachteil: Böhse Onkelz-Deutsche, die sich offen zeigen.

Durs Grünbein simuliert den Klassiker; er gilt als Dichter.
Nur Uwe Tellkamp – mit dem Goldschlips – ist, falls möglich, schlichter.

Die Deutschen – und das zeigen sie seit 'neunundachtzig täglich –
sind als Nation, wenn überhaupt, nur zweigeteilt erträglich.

Die reinste Liebe wird vergossen im Vorbei

Über Joachim Ringelnatz

Es ist kein geringes Risiko, Bücher wiederzulesen, für die man einst schwärmte. Mit einem Buch kann es einem gehen wie mit einer Geliebten. Lodernd hat man sich für sie entflammt, sie und sich an der Leidenschaft gewärmt, irgendwann ging das Feuer aus, doch die Erinnerung ist noch da und schimmert gut. Dann, eines Tages, sieht man sich wieder – und da ist nichts, nicht einmal eine Ahnung, was da war oder doch gewesen sein muss. Befremdet geht man voneinander, die sentimentale Erinnerung ersetzt durch einen seltsamen, irritierenden Nachgeschmack und ein etwas verständnisfreies: Tja – was fand ich denn bloß einmal daran ...?

Mit dem Dichter Joachim Ringelnatz musste ich diese Erfahrung nicht machen. Als 14-jähriger las ich erstmals eine Auswahl seiner Gedichte, war gleich hingerissen und lernte im Laufe der nächsten Jahre nicht wenige von ihnen auswendig – nicht für die Schule oder zu sonst einem Pflichtzweck, sondern ganz freiwillig und mit Freuden. O war das schön, wie die Liebe sprach:

> Ein männlicher Briefmark erlebte
> Was Schönes, bevor er klebte.
> Er war von einer Prinzessin beleckt.
> Da war die Liebe in ihm erweckt.
> Er wollte sie wiederküssen,
> Da hat er verreisen müssen.

> So liebte er sie vergebens.
> Das ist die Tragik des Lebens!

Das war komisch, das war rührend, das hatte den Mut zur tragischen Größe genauso wie zur Ironie. Und es war wirkungsvoll: Wenn man es als Junge einem Mädchen aufsagte, wurde man von ihm anders angesehen – weniger beeindruckt als vielmehr berührt. Ganz leicht waren die Worte und ihr Klang, aber keineswegs flüchtig. Das hallte nach; und Mädchen, die sich lieber von Mopedfahrerburschen mit ihren am Lenker befestigten Fuchsschwänzen eine Impression von Männlichkeit vorsimulieren ließen, konnten einem sowieso egal sein. Das stimmte leider nicht ganz, denn einige von ihnen waren äußerst reizvoll, aber die würden ja früher oder später merken, dass wahre Männlichkeit poetisch ist. Und wenn sie es doch nicht begriffen, dann war man eben Teil dieser aufregenden Tragik des Lebens, die Ringelnatz so kunstvoll besang.

Alles wurde lebendig und beseelt in den Worten des Dichters. Sein Bett nannte er »Mein Riechtwieich«, in dem er einsame Niedergeschlagenheit ebenso durchlebte wie stürmische Stunden zu zweien oder rauschbedingte Karussellfahrten. Ein Wannenbad wurde zur fröhlichen Lebensfeier, und einer Pellkartoffel widmete Ringelnatz vor dem Verzehr eine Liebeseloge. Der ganze Kosmos blühte auf, selbst simple Herrensocken konnten im sehenden Auge des Betrachters poetische Kraft entfalten:

> Wie du zärtlich deine Wäsche in den Wind
> Hängst, liebes Kind
> Vis à vis,
> Diesen Anblick zu genießen,
> Geh ich, welken Efeu zu begießen.
> Aber mich bemerkst du nie.

Deine vogelfernen, wundergroßen
Kinderaugen, ach erkennen sie
Meiner Sehnsucht süße Phantasie,
Jetzt ein Wind zu sein in deinen Hosen –?

Kein Gesang, kein Pfeifen kann dich locken.
Und die Sehnsucht lässt mir keine Ruh.
Ha! Ich hänge Wäsche auf, wie du!
Was ich finde. Socken, Herrensocken;
Alles andre hat die Waschanstalt.
Socken, hohle Junggesellenfüße
Wedeln dir im Winde wunde Grüße.
Es ist kalt auf dem Balkon, sehr kalt.

Und die Mädchenhöschen wurden trocken,
Mit dem Winter kam die Faschingszeit.
Aber drüben, am Balkon, verschneit,
Eisverhärtet, hingen hundert Socken.

Ihr Besitzer lebte fern im Norden
Und war homosexuell geworden.

»Ritter Sockenburg« heißt dieses Ringelnatz-Gedicht, in dem ein Mann seine sehnsüchtige Schwäche nicht leugnet, sich aber auch als findig und phantasievoll erweist, mit den Mitteln der Komik die Liebe zu erringen sucht und zwar scheitert, doch in der Dichtung überlebt. Mit einem Reim gesagt: Wenn er am Ende auch verlor / Er zeigte Größe durch Humor.

Und Humor, das zeigt sich bei näherer Betrachtung, hat auch bei Ringelnatz weniger mit lustiger Flachserei zu tun als mit der Fähigkeit, die Schläge des Schicksals zu verarbeiten und zu ertragen. Hinter der schalkhaften, spitzbübischen und hüpfenden Heiterkeit steht eine Tiefe der Empfindung, die sich nicht abnutzt. In die Gedichte von Joachim Ringelnatz kann man sich immer wieder neu verlieben. Sie verlieren ihre Strahlkraft und ihren

Zauber nicht, es tut ihnen im Gegenteil nur gut, sie wiederzulesen; sie sind bei jeder neuen Begegnung größer und besser geworden. Manche treffen schlicht so blitzstrahlend ins Herz, dass sie zu Tränen rühren – jedenfalls den, der nicht fühllos oder versteinert ist oder sich sonst wie verabschiedet hat.

An M.

Der du meine Wege mit mir gehst,
Jede Laune meiner Wimper spürst,
Meine Schlechtigkeiten duldest und verstehst – –.
Weißt du wohl, wie heiß du oft mich rührst?

Wenn ich tot bin, darfst du gar nicht trauern.
Meine Liebe wird mich überdauern
Und in fremden Kleidern dir begegnen
Und dich segnen.

Lebe, lache gut!
Mache deine Sache gut!

»M.« ist die Abkürzung für Muschelkalk – der Name, den Ringelnatz seiner Frau Leonharda Pieper gab, die er am 7. August 1920, seinem 37. Geburtstag, heiratete. Erst ein gutes halbes Jahr zuvor hatte er sich seinen eigenen Künstlernamen zugelegt. Geboren wurde Ringelnatz als Hans Bötticher im sächsischen Wurzen, über das man seit Goethes Zeiten bis heute sagt: »Vor Wurzen wurds'en schlecht, nach Wurzen wurds'en besser.« Fünfjährig zog Hans Bötticher mit Eltern und Geschwistern nach Leipzig um, litt in der Schule unter pädagogischer Phantasieabtötungsdressur und wurde später Schiffsjunge und Matrose.

Seine romantischen Vorstellungen von der christlichen Seefahrt wurden brutal korrigiert, Schläge und Gemeinheit waren selbstverständlich. Er büxte auch hier aus, wurde wieder eingefangen und versuchte sich in kaufmännischen Berufen. In München begann er eine Laufbahn als literarischer Bohémien, wurde Hausdichter im Künstlerlokal »Simplicissimus«, wo er Erich Mühsam kennenlernte. Es folgten erste Veröffentlichungen. Hans Bötticher schlug sich gerade eben so durch. Im Ersten Weltkrieg wurde er Mariner; erst nach dem Tod des Vaters und dem Kriegsende beginnt sein Leben als Joachim Ringelnatz. Es währte gerade einmal 15 Jahre, doch in dieser Zeit entstanden die Dichtungen, die aus dem suchenden, begabten und talentierten Hans Bötticher den Künstler Ringelnatz machten. Den Namen hatte er sich nach seinem Lieblingswesen gegeben, dem Ringelnass, dem Seepferdchen. Den Durchbruch schaffte er mit den »Turngedichten« und den Gedichten vom Matrosen Kuttel Daddeldu, einem herzbetrunkenen Seemann, der die raue Wirklichkeit wahrheitsgetreu und derb auf die Bühne stellte. In »Kuttel Daddeldu im Binnenland« lässt Ringelnatz seinen Helden ausrufen: »The whole life is vive la merde!« Das hatte der Dichter selbst oft genug erfahren und empfunden und schon 1923 gedichtet:

Vier Treppen hoch bei Dämmerung

Du mußt die Leute in die Fresse knacken.
Dann, wenn sie aufmerksam geworden sind, –
Vielleicht nach einer Eisenstange packen, –
Musst du zu ihnen wie zu einem Kind
Ganz schamlos fromm und ärmlich einfach reden
Von Dingen, die du eben noch nicht wußtest.
Und bittst sie um Verzeihung – einzeln jeden –
Daß du sie in die Fresse schlagen mußtest.
Und wenn du siegst: So sollst du traurig gehen,
Mit einem Witz. Und sie nie wieder sehen.

Maskiert als Kuttel Daddeldu konnte Ringelnatz deutlich sein, wurde erfolgreich, veröffentlichte Gedichtbände, trat in berühmten Kabarett- und Varietéhäusern auf und zog sich die Verehrung berühmter Kollegen zu: Erich Kästner, Anton Kuh, Hermann Hesse, Alfred Polgar und Kurt Tucholsky liebten und lobten seine Dichtungen und seine Vortragskunst – und wiesen wiederholt darauf hin, dass man diesen Dichter bitte nicht mit seinen Figuren verwechseln möchte. Dessen ungeachtet haftet ihm bis heute der Ruf des zechenden Seemanns an; Ringelnatz gilt als niedlicher oder kabarettistischer Autor. Differenzierte Wahrheit verbreitet sich, wenn überhaupt, nur äußerst langsam und schwer, plakativer Unsinn hält sich ewig. Selbst die große Wertschätzung, die Ringelnatz beispielsweise durch Robert Gernhardt, Harry Rowohlt, Otto Sander und Peter Rühmkorf widerfuhr oder widerfährt, hat das nicht entscheidend ändern können. In »Frommer Wunsch« von Rühmkorf heißt es:

> Wünsch mir im Himmel einen Platz
> (auch wenn die Balken brächen)
> bei Bellman, Benn und Ringelnatz
> und wünschte, dass sie einen Satz
> in einem Atem sprächen:
> nimm Platz.

Ringelnatz war nicht nur Dichter, sondern auch Maler – dessen Bilder gemeinsam mit Werken von Ernst Barlach, Otto Dix, George Grosz, Ernst Ludwig Kirchner, Paul Klee, Emil Nolde und Max Pechstein ausgestellt wurden. Er war ein tief fühlender freier Geist, und sein freimütiger Ton rief auf den Plan, was er »die zwei Polis« nannte: Politik und Polizei. Mit beiden wollte er nichts zu schaffen haben, die waren ihm zu dumm, zu autoritär, zu gemein. 1922 druckte *Die Weltbühne* sein Gedicht »Die Riesendame der Oktoberwiese« und wurde auf Antrag der »Zentralpolizeistelle zur Bekämpfung unzüchtiger Bilder und Schriften« beschlagnahmt. Im September 1923 wurden Ringelnatz und der *Weltbühne*-Herausgeber

Siegfried Jacobsohn in dieser Sache zu je 300 Millionen Mark Geldstrafe verurteilt – da es sich um Inflationsgeld handelte, wog die Millionenstrafe aber weit weniger schwer als die von Ringelnatz bedichtete Zirkusdame:

> Es nahte sich mit wohlgebornen Schritten
> Der Elefant vom Nachbarzelt
> Und sagte: »Emmy, schwerste Frau der Welt,
> Darf ich um einen kleinen Beischlaf bitten?«
> Diskret entweichend konnte ich noch hören:
> »Nur zu! Beim Essen kann mich gar nichts stören.«

Das »Geheime Kinder-Spiel-Buch« von 1924 brachte Ringelnatz und dem Verleger Gustav Kiepenheuer eine polizeiliche Verfügung wegen »verderblicher Beeinflussung der sittlichen Auffassungen von Kindern« ein, die »polizeilicherseits nicht geduldet werden kann«. Die Nationalsozialisten hassten Ringelnatz sowieso – für seinen menschenunbeschönigenden Ton, den sie »frivol« und »entartet« nannten. Sie erteilten Ringelnatz Auftrittsverbot und verbrannten seine Bücher. Sein emigrierter Freund Hans Siemsen schrieb nicht zu Unrecht, Ringelnatz sei »auf kaltem Wege von den Nazis umgebracht« worden. Ringelnatz, sämtlicher Verdienstmöglichkeiten beraubt, konnte sich keine angemessene ärztliche Behandlung seiner Tuberkulose mehr leisten und starb, restlos verarmt, am 17. November 1934.

Ringelnatz wollte kein explizit politischer Dichter sein, das schien ihm verfehlt und zu flach. Doch in einem seiner letzten Gedichte ist er unmissverständlich.

> Wir sind, sagen die Lauen,
> Wir sind nicht objektiv,
> Wir sollten doch tiefer schauen,
> Doch schauen, ob nicht tief
> Am Nazitum was dran sei,
> Ob Hitler nicht doch ein Mann sei.

Solcher Aufforderung zu öligem Opportunismus – heute heißt dergleichen Glitsch »positives Denken« – erteilte Ringelnatz eine klare Absage:

> Wir kennen die einfache Wahrheit,
> Wir sehn durch ein scharfes Glas.
> Und unsere Lehre ist Klarheit,
> Und unsere Klarheit ist Haß
> Der Haß, der groß und weitsichtig ist,
> Der schaffende Haß, der richtig ist.

Das ist kein Ringelnatz, der auf der Ebene seiner ja durchaus hübschen Verse

> »Publikum – noch stundenlang –
> Wartete auf Bumerang«

verhandelt werden könnte. Harmlos, nett und niedlich war Ringelnatz ohnehin kein bisschen. In seinem Gedicht »Marter in Bielefeld« klebt der Dichter festgefroren an einer Schaufensterscheibe und gesteht entwaffnet:

> Es kann kein Mann vor Damenwäsche gähnen.

Während er seine »Fahrt zum Treffpunkt Bielefeld« mit dem Ausruf beginnt:

> Welt, bist du abgedroschen schön!

Ich habe lange genug in Bielefeld gelebt, um zu wissen: Die Welt / zerfällt / in Bielefeld. Das Schöne ist flüchtig und ohne das Abgedroschene nicht auf Dauer zu haben. »Und die reinste Liebe wird vergossen / Im Vorbei«, heißt es bei Ringelnatz.

Was den eingangs zitierten bedichteten »männlichen Briefmark« betrifft: Zum 100. Geburtstag des Dichters erschien 1983 in der Bundesrepublik Deutschland eine

Ringelnatz-Briefmarke, zu 50 Pfennig, und 2008, zum 125. Geburtstag, eine Marke zu 85 Cent. Das war sogar kenntnisreich liebevoll: 85 Cent kostet das Porto für eine Büchersendung. Wohingegen Papst Benedikt, Joseph Ratzinger, sich schon zu seinen Lebzeiten von der Deutschen Post als 55-Cent-Marke zum Ablecken auflegen ließ. Ratzinger, der Führer der »Kirche von hinten«, schreibt zwar ebenfalls Bücher, bei denen es sich allerdings nicht um Werke der Dichtkunst handelt, sondern um Dokumente der Rechthaberei und um Instrumente der Machtausübung und Einschüchterung.

Größere Gottesferne ist kaum denkbar. Im Gegensatz zum ehemaligen Hitlerjungen Ratzinger hatte der von Hitlers Leuten verbotene und verbrannte Ringelnatz die Größe zu Bescheidenheit und Demut:

Psst!

Träume deine Träume in Ruh.
Wenn du niemandem mehr traust,
Schließe die Türen zu,
Auch deine Fenster,
Damit du nichts mehr schaust.

Sei still in deiner Stille,
Wie wenn dich niemand sieht.
Auch was dann geschieht,
Ist nicht dein Wille.

Und im dunkelsten Schatten
Lies das Buch ohne Wort.

Was wir haben, was wir hatten,
Was wir – –
Eines Morgens ist alles fort.

Empor ins Reich der Edeltürken

Karl May und sein »Orientzyklus«

»Ein Schuss, fünf Tote – das war Kojote. Ein Schuss, ein Schrei: Das war Karl May!« Begeistert plapperten wir als Kinder die aufgeschnappten Verse nach. Kojote lernten wir im Singular nie kennen (im Plural später umso mannigfacher), Karl May aber schon früh. Er lieferte uns den Wilden Westen ins Haus, den edlen Apachen Winnetou und den nicht weniger noblen Deutschen Old Shatterhand, zwei Blutsbrüder und Allerweltspolizisten im Dienste der Gerechtigkeit. Die beiden wie auch ihre armen Freunde Hobble-Frank, Tante Droll oder der zum Pointenlieferanten abgeurteilte Karikaturengländer Lord Castlepool hatten im Leben nichts zu bestellen und zu bestehen als all jene Fährnisse, die ihr Erfinder May sich ausdachte.

Aus Fleisch und Blut waren sie nicht; zum Ersatz dafür verfügten die durch die Bank weg großmannssüchtigen Romanfiguren über Fertigkeiten, die bei Knaben im Vor-*Playstation*-Zeitalter etwas galten. Vollständig lautlos konnten sie sich anschleichen und somit alles und jeden auskundschaften. An der »Geknicktheit« eines einzelnen Grashalms vermochten sie Fährten zu erkennen und jedwede feindliche Absicht zu durchschauen und deshalb zu durchkreuzen. Die in schwärzester Nacht angeblich phosphoreszierend leuchtenden Augen eines Angreifers verrieten ihnen dessen Aufenthaltsort, weshalb sie ihn mit einem »Knieschuss« genannten Kunststück erlegen respektive erledigen konnten. Hierbei wurde das Gewehr gegen Schenkel und Knie gepresst, und trotz dieses gleichermaßen rasanten wie geistlosen Blindzielens sank der Dunkelmann, die Kugel exakt zwischen seinen öligen Schurkenaugen, dann mausetot ins Laub. Er war tiptop »unschädlich gemacht« oder, noch amtlicher, »ausgelöscht« worden – wie der Vorgang des Umbringens in der Diktion des Vollhumanisten Karl May geheißen wurde.

Wenn die Helden einmal Pause hatten, durften sie »savoir-vivre« simulieren – und brieten, verkohlten und verzehrten also am Lagerfeuer gewaltige Mengen Wildbret. Schließlich waren sie »Westmänner«; für den Sachsen Karl May hatte das Wort »Westmann« noch einen guten Klang und nicht jene Bedeutung, die ihm seit 1989 von ostdeutschen Frauen beigemessen wird. Die Westmänner, die Karl May buk, waren noch von der älteren Schule; sie fraßen bis zu acht Pfund Fleisch am Stück, egal, ob es sich dabei um Büffel, Elch (»Elk«) oder Hirsch handelte. Notfalls nahmen sie aber auch mit Präriehund vorlieb oder, wenn trotz des gewaltigen Angeberlebens einmal ein Herr Schmalhans zum Küchenmeister einbestellt werden musste, mit einem geschmeidigen Opossum, also einer Beutelratte.

Die größte aller Delikatessen aber war laut May eine abgeschnittene Bärentatze. Diese für den Esser wie für das Gegessenwerdende gleichermaßen bedauernswerte, aus den ganz und gar ungenießbaren Zutaten Fell, Lederhaut, Sehnen und Fingerknochen bestehende Bärenhand wurde zur Zubereitung entweder vergraben und später, nachdem die Maden sie halb zerfressen hatten, karlmayhaft genüsslich verspeist. Das identische Lebensmittel konnte aber womöglich sogar noch köstlicher zubereitet werden – indem man die Tatze unter den Sattel seines Reittieres platzierte, wo sie dann weich, gar, zart und also »well done« durchgeritten wurde. Der Feinschmecker May beschwor den Hautgout von Pferdeschweiß, Sattelleder und verwester Bärenpfote als Inbegriff größtmöglicher Köstlichkeit. Heute bekäme er im deutschen *Gault Millau* dafür 19 Punkte, denn *Gault Millau* heißt, richtig übersetzt: Fressnapf für gelangweilte Langeweiler.

Dass Karl May Amerika überhaupt nicht kannte, störte ihn beim Schreiben über Amerika gar nicht. Uns Jungleser, alle Welt erst erahnend, noch sehr kenntnisfern und entsprechend dehnbar, hielt das nicht davon ab, Karl Mays Phantasmen begeistert einzusaugen. Im Orient, der ihm ebenfalls völlig fremd war, hatte May ein anderes Heldenpärchen laufen: Kara Ben Nemsi und seinen treuen Diener und Freund Hadschi Halef Omar. Einen sagenhaft reichen, spleenigen und zur Zwangsulkigkeit verdammten Engländer gab es auch dort: Sir David Lindsay hatte den Part des guten Kerls, der einem richtigen deutschen Helden selbstverständlich unterlegen sein muss, das aber auch sofort einsieht und freimütig eingesteht.

Ben Nemsi, Halef, Lindsay und ihre etwas minder ausführlich gezeichneten Restbegleiter sprengten auf feurigen Araberhengsten von hier nach dort, durchquerten Wüsten und Schluchten und erlebten wie ihre Kollegen aus dem Westen ein Abenteuer nach dem anderen. Als Berufsromanhelden hatten sie für irgendeine sinnvolle Betätigung nicht die geringste Zeit, sondern mischten sich vielmehr in Angelegenheiten ein, die sie nichts angingen. Sie waren eine frühe Vorhut des unreflektierten Menschenrechtings: aggressive Vertreter einer Interventionspolitik, die stets ausschließlich den Splitter im Auge des anderen anprangert und niemals die klapprige Bretterbudigkeit des eigenen Kopfes bemerkt.

Wer in Mays Romanen die Guten waren und wer die Schurken, ließ sich entsprechend kinderleicht ausmachen. Die Bösewichter erkannte man an ihren verhauenen Physiognomien, die Guten an ihrer deutschen Herkunft. Wenn sie ganz besonders klug, listig und lustig waren, stammten sie sogar aus Sachsen. Das war kein Zufall: Karl May wurde am 25. Februar 1842 im sächsischen Ernstthal geboren, als Sohn eines bettelarmen Webers.

Neun seiner dreizehn Geschwister starben schon kurz nach der Geburt, aus Mangel an Nahrung und Hygiene. May überlebte die Armut; neben der Volksschule arbeitete er als Kegeljunge, um Geld zu verdienen, wollte aufs Gymnasium und auf die Universität, musste sich aber mit einer Ausbildung zum Hilfslehrer bescheiden. Früh schon flüchtete er sich in die Welt der Kolportage- und Groschenromane, in der es wenigstens auf schlechtem Papier eine simulierte Gerechtigkeit gab für Verlorene wie ihn. Später ließ er sich einige Diebereien, Betrügereien und Hochstapeleien zuschulden kommen; nach heutigem Maßstab handelte es sich eher um Bagatellen, aber zu Karl Mays Zeiten waren die juristischen Sitten erheblich gröber. Insgesamt verbrachte der Mann mehr als sieben Jahre in Gefängnissen, Zucht- und Arbeitshäusern.

Aus Mays ursprünglich sechs Orient-Reiseerzählungen »Durch die Wüste«, »Durchs wilde Kurdistan«, »Von Bagdad nach Stambul«, »In den Schluchten des Balkan«, »Durch das Land der Skipetaren« und »Der Schut« fügte der seit Jahrzehnten Maßstäbe setzende Hörspielregisseur Walter Adler 2007 einen durchgehenden Roman – zum Zwecke, diesen anschließend zu verhörspielen. Die Straffung tut Mays Werk gut (und elf Stunden sind ja auch nicht eben knapp bemessen). Adler versammelte nahezu 140 Sprecher, unter ihnen etliche Asse wie Wolfgang Condrus, Sylvester Groth, Matthias Habich, Ernst Jacobi, Matthias Koeberlin, Michael Mendl, Dietmar Mues, Walter Renneisen und Thomas Thieme, die auf jede auch noch so nahe liegende ironische Distanzierung verzichten, weil diese sich im Kopf des Hörers erst herstellen kann, wenn sie ihm nicht diktiert wird.

Für seine Hörspielfassung des »Orientzyklus« bearbeitete Adler die Originalakten der Prozesse gegen Carl Friedrich May zu einer Rahmenhandlung. Die Gerichtsszenen gehören zu den stärksten dieses Hörspiels. Die Zurücksetzungen, die May als junger Mensch erfuhr, werden hier als brutale Quälereien weitergetrieben:

»May (*devot*): Auch erlaube ich mir untertänigst darauf hinzuweisen, dass ich in dieser Sache zwar verurteilt worden bin, aber nicht nach Recht und Gesetz.

Richter (*aufbrausend*): Nicht nach Recht und Gesetz? Das ist ja dann doch wohl die Höhe! Was erlauben Sie sich? Wir sitzen doch hier nicht zu unserem Vergnügen! Sie sind doch hier das asoziale Subjekt, das nun schon viele Jahre in Sachsen sein Unwesen treibt und ehrbare Familien um Hab und Gut gebracht hat.

May (*stammelnd*): Ich möchte aber ...

Richter (*brüllend*): Ja was denn noch?

May (*bittend*): Ich möchte darauf hinweisen, dass ich in Glauchau das Unglück gehabt habe, bei einem dem Trunk ergebenen Wirte zu wohnen.

Richter (*kalt abweisend, entschieden*): Wir müssen in der Sache jetzt hier zu einem Abschluss kommen.«

Es war ein langer Weg heraus aus dem Elend, und so ganz kam Karl May nie ans Licht, gelangte nie »empor ins Reich der Edelmenschen« – wie er sein Lebensziel kurz vor seinem Tod am 30. März 1912 selbst definierte. Kitschferne lag ihm fern. May schrieb sich, und das deutlich nachlesbar bewusstseinslos, die erlittenen Demütigungen vom Hals und von der Seele. Seine Minderwertigkeitsgefühle finden, ins Gegenteil projiziert, Ausdruck im deutschen Superhelden Kara Ben Nemsi, dem, neben anderem Quark, attestiert wird, dass er »überhaupt kein Talent zum Stehlen« habe. Korrupte Orientalen werden in schneidendem Ton darüber aufklärt, wie es in »Dschermanistan« zugehe: derartig gerecht nämlich, dass vor Gericht jeder Bettler genauso viel wert sei wie der König. Ohne solche literarischen Lügen konnte May, der es aus eigener Erfahrung besser wusste, nicht überleben. Er wollte ein großes Leben nicht nur erfinden, sondern auch selbst haben und schon immer gehabt haben. Auf seinem Grabmal steht geschrieben:

»Sei uns gegrüßt! Wir, deine Erdentaten,
Erwarteten dich hier am Himmelstor,
Du bist die Ernte deiner eignen Saaten
Und steigst mit uns nun zu dir selbst empor.«

Die christliche Prägung und seinen Hang zum Lehrerberuf legte auch der Autor Karl May nicht ab. Er predigte gern; in seinem Wilden Westen bekehrte er ohne Sinn und Verstand Indianer zum Christentum und wusste höchst Merkwürdiges über sie zu berichten: »Immer fällt mir, wenn ich an den Indianer denke, der Türke ein«, heißt es in der Einleitung von »Winnetou I«. Dieser Verkitschung zu Edlen Tropfen in Nuss fallen die Türken auch im »Orient-Zyklus« zum Opfer.

»Kara Ben Nemsi (*einen Verletzten verhörend*): Du bist Grieche?
  Sein Gefangener (*bekennend*): Ja, aus Lemnos.
  Ben Nemsi (*schäumend*): Ich dachte es! Der echte Türke ist ein ehrlicher, biederer Charakter. Und wenn er anders wird oder anders geworden ist, so tragt ihr die Schuld! Ihr, die ihr euch Christen nennt und doch schlimmer seid als die ärgsten Heiden! Wo in der Türkei eine Gaunerei oder ein Halunkenstreich verübt wird, da hat ein Grieche seine schmutzige Hand im Spiele!«

So ging es zu in der Psyche von Karl May: Das Böse hat viele Gesichter. Nur aus Sachsen, wo es ihm selbst begegnete, stammt es nie.

Blondinen für den Bischof

Zum 50. Todestag von Raymond Chandler

»Es war gegen elf Uhr morgens, Mitte Oktober, ein Tag ohne Sonne und mit klarer Sicht auf die Vorberge, was klatschkalten Regen verhieß. Ich trug meinen kobaltblauen Anzug mit dunkelblauem Hemd, Schlips und Brusttaschentuch, schwarze Sportschuhe und schwarze Wollsocken mit dunkelblauem Muster. Ich war scharf rasiert, sauber und nüchtern – egal nun, ob's einer merkte. Ich war haargenau das Bild vom gutgekleideten Privatdetektiv. Ich wurde von vier Millionen Dollar erwartet.«

Mit diesen kühlen Worten stellte sich Philip Marlowe der Welt vor: Privatdetektiv für 25 Dollar am Tag plus Spesen, keine Scheidungssachen, 100 Dollar Vorschuss. Sein Erfinder Raymond Chandler ist bereits gut 50 Jahre alt, als er 1939 seinen ersten Roman *The Big Sleep* beim renommierten New Yorker Verleger Alfred Knopf herausbringen kann. In den sechs Jahren zuvor hat Chandler Detektivgeschichten für die *Pulps* geschrieben, für die Groschenhefte, die billig gedruckten Krimi-Magazine, deren berühmtestes *Black Mask* ist, für das auch Erle Stanley Gardner und vor allem Dashiell Hammett arbeiten. *Black Mask* gilt als Schule des *hard-boiled writing*, des taffen, unbeschönigenden, realitätsgesättigten Schreibens.

Als Raymond Chandler im Dezember 1933 seine erste Detektivgeschichte *Blackmailers Don't Shoot* veröffentlichte, war Dashiell Hammett bereits eine literarische Berühmtheit. Hammett schrieb für einen Cent pro Wort und erfand eine ganze Literatur. Chandler sagte über ihn: »Hammett zog den Mord aus der venezianischen Vase und ließ ihn auf die Straße fallen. Er gab den Mord den Menschen zurück, die aus wirklichen Gründen morden, nicht nur, um eine Leiche zu liefern.«

Hammett und Chandler verband eine tiefe Abneigung gegen den deduktiven britischen *Mystery*-Roman, in dem alte Tanten Giftmorde begehen, die dann von feinsinnigen Landpfarrern aufgeklärt werden. Während Dashiell Hammett selbst als *Pink* gearbeitet hatte, als Detektiv bei der Agentur *Pinkerton's* und also aus eigener Anschauung wusste, worüber er schrieb, musste sich Chandler erst mühsam künstlich in die Welt des Verbrechens hineinarbeiten.

Seine eigene Lebenserfahrung war eine ganz andere. Am 23. Juli 1888 in den USA geboren und ohne Vater in England aufgewachsen, machte er nach der *Public School* seine ersten Schreibversuche mit schwülstigen Gedichten, die in einer Literaturzeitschrift erschienen, »von der ich das Glück habe, kein Exemplar mehr zu besitzen«, wie er später schrieb. Auch als Reporter versuchte er sich, bei der *Daily Mail*: »Ich war eine absolute Niete, der schlechteste Mann, den sie je hatten. Jedes Mal, wenn ich auf eine Story angesetzt wurde, verirrte ich mich. Sie feuerten mich. Ich hatte es nicht anders verdient.«

Chandler geht zurück in das Land seiner Geburt, dessen demokratischen Manieren er allerdings mit englisch distanziertem Dünkel gegenübersteht. Er beharrt darauf, dass man seinen Nachnamen englisch »Chaandler« ausspricht und nicht salopp zu »Chändler« amerikanisiert. Er wird Buchhalter in einer Molkerei, kämpft während des Ersten Weltkriegs in Frankreich, arbeitet ab 1919 bei einer Bank, später bei einem Ölsyndikat, wird Direktor von acht Ölgesellschaften und Präsident von dreien, die klein, aber wohlhabend sind. 1924 heiratet Chandler die beinahe 20 Jahre ältere Cissy Pascal. Er führt ein nach eigenem Empfinden völlig normales Leben, das ihn jedoch aushöhlt. Immer exzessiver taucht er in Liebschaften und Alkoholexzesse ab. 1932, er ist 44 Jahre alt, wird er entlassen, steht sozusagen auf der Straße und fängt ganz von vorn an.

Chandler lässt sich im Telefonbuch von Los Angeles als Schriftsteller eintragen. Er will es noch einmal wissen und beginnt, an den Geschichten für die *Pulps* zu arbeiten. Sorgfältig studiert er sein Vorbild Hammett – dessen Knappheit, Dichte, Tempo, Härte, Authentizität, Direktheit und Lakonie er zwar nicht erreicht, den er aber an Schliff, Poliertheit und Pointiertheit in den Dialogen später übertrifft.

Fünf Monate lang ackert Chandler an seiner ersten Story, schreibt sie wieder und wieder um, und als sie fertig ist, hat er gerademal 180 Dollar verdient. Trotzdem wird er nicht zum Vielschreiber; Chandler ist einer der wenigen *Black-Mask*-Autoren mit hohem literarischen Anspruch, den er gegen die eng gesteckten Vorgaben des Genres durchzusetzen versucht und den er auch theoretisch reflektierend verteidigt: »Die Grenzen des Schemas durchlässig zu machen, ohne es selber zu sprengen, davon träumt jeder Schriftsteller, der für Zeitschriften und Magazine arbeitet, sofern er nicht ein hoffnungsloser Schmock und Schmierakler ist.«

Chandler brauchte sechs Jahre, bis er die *Pulps* hinter sich lassen konnte und zu einer eigenen literarischen Form fand. Dennoch griff er immer wieder auf seine alten Groschenheftgeschichten zurück, weidete sie für seine Romane aus und kombinierte sie neu – eine Methode, die er von Dashiell Hammett übernahm.

1940, bereits ein Jahr nach *The Big Sleep*, erscheint der Roman *Farewell, My Lovely*, in dem die Charakterzüge Philip Marlowes schon wesentlich ausgeprägter sind. Der romantische Held tritt sichtbar zu Tage, unter der gepanzerten Oberfläche steckt ein Moralist, der sich vorgenommen hat, in einer kranken, korrupten Welt zu überleben, ohne dabei selbst korrupt zu werden. Anders als

Hammett idealisiert Chandler seine Hauptfigur, und manchmal hat er Schwierigkeiten, sich beim Stilisieren zu bremsen.

Sechs Marlowe-Romane lang hielt Chandler den Weißer-Reiter-Kitsch um Marlowe in Schach und im Rahmen. Im letzten, kurz vor seinem Tod aus einem alten Drehbuch ausgeschlachteten Roman *Playback* aber hatte er nicht mehr die Kraft, gegenzuhalten, stürzte ins Rührselige ab und ließ den chronisch auf seine Unabhängigkeit pochenden Marlowe sogar in eine Heirat einwilligen. Chandlers Identifikation mit seiner Hauptfigur ging am Ende so weit, dass er Marlowe bescheren wollte, was er selbst nach dem Tod seiner Frau schmerzlich vermisste: »Liebe, ein Heim und die Gewissheit, ein Leben zu teilen.«

Vorher aber schrieb Chandler Bücher, in denen er die hartgesottene Detektivgeschichte in höchste sprachliche Form brachte. Unnachahmlich – auch wenn viele sich daran versuchten – sind Chandlers Vergleiche: »Er hisste ein paar Augenbrauen, für die sich ein Bürstenfabrikant interessiert hätte.« Dabei kannte Chandler weder Theo Waigel noch Christian Ströbele. Beim Beschreiben von Frauen war Chandler noch kühner: »Sie war eine Blondine, für die ein Bischof das Kirchenfenster eingetreten hätte.« So weckt man Phantasie, das schöne Gegenteil von *Fantasy*.

Über Abkupferer und Kopisten schrieb Chandler 1952: »Man schreibt in einem Stil, der nachgeahmt, sogar plagiiert worden ist, und zwar bis zu einem Punkt, wo man anfängt auszusehen, als ahme man seine Nachahmer nach. Man muss sich also an einen Ort begeben, wohin sie einem nicht folgen können.« Das hat Chandler geschafft, mit hartnäckigem und manchmal pingelig-pedantischem Festhalten an seinem eigenen Qualitätsbegriff – der sich in Marlowes Moralkodex widerspiegelt: Von seinen Überzeugungen weicht man nicht für Geld und gute Worte ab, auch nicht aus Angst um Leib und

Leben. Da müssten schon richtige Gründe auf den Tisch kommen.

Die Sprache, Chandlers Ein und Alles, ist auch Philip Marlowes stärkster Trumpf. Mit unterkühltem, messerscharfem Humor entwaffnet er seine Gegner und verleitet sie zu unüberlegten Handlungen. Chandler, der sich über jeden Mangel an Qualität, ganz gleich in welchem noch so geringen Bereich des täglichen Lebens angetroffen, in Rage schreiben konnte, lässt Marlowe immer wieder die protzige Aufmachung der Reichen und ihre verlogene Moral kommentieren oder legt ihm sarkastische Kommentare über den *American Way of Life* in den Mund: »Wir fuhren in ein Autorestaurant, wo sie Hamburger machten, die wenigstens nicht ganz so schmeckten, dass der Hund sie verschmäht hätte.«

Spott, Hohn und Humor waren die Mittel, mit denen sich Chandler gegen die oft übermächtig scheinenden Zudringlichkeiten und Unerträglichkeiten des Daseins zur Wehr setzte. Den Zustand der Welt als persönlich gemeinte Beleidigung aufzufassen, zeugt nicht von philosophischer Weisheit; Chandler aber gab es Impuls und Impetus zum Schreiben. Seine Romane sind Reaktionen auf eine Welt, die er den Bach heruntergehen sah; als Beobachter war er jedoch mikroskopisch genau genug, um seine moralischen Keulenschläge gegen das moderne Amerika detailliert und gezielt anbringen zu können. Dass er keine stilistischen Fingerübungen und keinen wohlfeilen, gefälligen Schnickschnack produzieren wollte oder konnte, zeigt sich auch in seinem mit zunehmendem Alter schärfer werdenden Ton. Es war ihm ernst mit dem, was er tat. Während die menschliche Spezies sich in ihre unangenehmen Bestandteile auflöste, klagte Chandler von einer Welt, die zu durchschauen er klug genug war, dennoch unbeirrbar Respekt ein – wohl wissend, dass es den in angemessener Form nicht gibt.

Aber Erfolg gab es: Chandlers Bücher wurden berühmt und waren auch in Hollywood hoch begehrt. In der Film-

Adaption des *Big Sleep* wurde Philip Marlowe von Humphrey Bogart dargestellt – der in seiner physischen Präsenz und mit seinem wölfischen Lächeln als Verkörperung des Hammettschen Helden Sam Spade allerdings überzeugender ist. Chandler selbst war mit Bogart zufrieden. »Genau richtig«, schrieb er, auch wenn er sich als idealen Marlowe-Darsteller ausgerechnet Cary Grant wünschte. Das blieb dem Publikum erspart; später schlüpften James Garner und Elliot Gould in die Rolle des Philip Marlowe. Eine gelungene visuelle Umsetzung von Chandlers Bildsprache fand 1975 in Dick Richards *Farewell, My Lovely*-Adaption statt. Robert Mitchums Darstellung eines todmüden Marlowe trifft die Atmosphäre des Romans im Kern: Der Held ist längst ohne Illusionen, hat aber immer noch zu viel Mumm in den Knochen, um einfach alles hinzuschmeißen.

Auch Chandler arbeitete für den Film; in den vierziger Jahren war er Drehbuchautor in Hollywood, verdiente zeitweise bis zu 4 000 Dollar pro Woche, und die finanzielle Anerkennung seiner Fähigkeiten war ihm, nachdem es ihm in den dreißiger Jahren dreckig gegangen war, wichtig. Die künstlerische Seite der Arbeit als Lohnschreiber aber deprimierte ihn tief; maßlos ärgerte er sich über die lapidare Art und Weise, in der Regisseure und Produzenten mit seiner Arbeit umgingen. Das oberflächliche, intrigante Hollywood machte ihn mürbe. 1949 rächte er sich mit dem Roman *The Little Sister* für alle im Filmgeschäft erlittenen Demütigungen, denen er, der perfektionistische Schriftsteller, dort ausgesetzt gewesen war. Er entzauberte die glamouröse Welt der Filmstudios und Stars und zeigte, woraus ihre Träume gemacht sind: aus Angst, Einschüchterung, Heuchelei, Erpressung und Mord.

Viel Mystifix ist über Raymond Chandler geschrieben worden. Der 1996 verstorbene deutsche Dichter Helmut Heißenbüttel hatte spekuliert: »Ich halte es für möglich, dass der Ruhm des Autors Raymond Chandler den des

Autors Ernest Hemingway überdauert.« Möglich ist vieles; Chandler hatte Hemingway bereits 1932 in seiner Geschichte »Bier in der Mütze des Oberfeldwebels« brillant parodiert – und setzte seinem alten Vorbild auch ein Denkmal. In *Farewell, My Lovely* lässt er Marlowe einen Polizisten so lange als »Hemingway« titulieren, bis der entnervt fragt: »Was ist dieser Hemingway eigentlich für ein Mensch?« Marlowes Antwort lautet: »Ein Typ, der fortwährend immer wieder dasselbe sagt, bis man anfängt zu glauben, dass es gut sein muss.«

Chandlers Bücher sind bis heute wie neu gemacht geblieben. Marlowes Einschätzung der Polizei ist so aktuell wie klassisch: »Ich fürchte, das Leben ist zu kurz, um mit Aussicht auf Erfolg Anzeige wegen Körperverletzung gegen Polizeibeamte zu erstatten.« Der Titel seiner Geschichte »Law is where you buy it« gilt, zumindest in der hiesigen Geschäfts- und Gesellschaftsordnung, schon immer, und Anzeichen, dass sich das ändern könnte, sind nicht in Sicht.

Chandlers Sprache hat nichts von ihrem Glanz verloren, von jener Leichtigkeit, die soviel von jener Kraft und Arbeit kostet, die man niemals merken darf. Zur Form seines Lebens lief Chandler 1953 auf. Als er sein Opus magnum *The Long Good-Bye* schrieb, machte ihm der Lebensüberdruss zwar bereits schwer zu schaffen, doch der 65-jährige Chandler bündelte seine besten Kräfte und vernähte kunstvoll die Enden der Fäden, die in seinen bisherigen Geschichten lose geblieben waren. *The Long Good-Bye* ist ein Buch über Freundschaft und Korrumpierbarkeit, und es ist Chandlers definitives Schlusswort, in dem er Philip Marlowe mit allem ausstattet, was er zu geben hat: Einsicht, Witz, Aggressivität, Melancholie, Weichheit, Müdigkeit und den beharrlichen Willen, sich von den Verhältnissen nicht kriegen zu lassen. Die sind zwar, wie sie sind – aber na und?

Gegenüber dem Wirtschaftsboss Harlan Potter, der ihn auf die sanfte oder sonst eben auf die harte Tour zum

Schweigen bringen will, bleibt Marlowe höflich, kalt und klar: »Vielleicht lassen Sie meine Gedanken doch besser meine Sache sein, Mister Potter. Sie sind nicht sonderlich wichtig, natürlich nicht, aber sie sind alles, was ich habe.« In der Beschreibung Potters und der Verquickung von wirtschaftlicher und politischer Macht mit Polizei und Justiz gelingt Chandler einer seiner schönsten Vergleiche: »Er kauft sich nicht einmal die Commissioner und Staatsanwälte, hat er gesagt. Sie ringeln sich bloß immer in seinem Schoß zusammen, wenn er ein Nickerchen macht.«

Am 26. März 1959 starb Raymond Chandler im kalifornischen La Jolla, 70 Jahre alt, verbittert und krank an Einsamkeit, Suff und Nichtmehrschreibenkönnen. Sein Leben war eine ziemliche Quälerei; davon, dass er sich beim Schreiben nicht schonte, profitiert die Welt noch heute. Chandler trank eimerweise Whisky; seinen Helden Marlowe stattete er mit ähnlichem Durst, aber besserem Geschmack aus. In *The Long Good-Bye* wird Gimlet getrunken, halbe-halbe Gin und Rose's Limettensaft auf gestoßenem Eis.

Erheben wir die Gläser auf einen großen Schriftsteller.

Der leere Spiegel

Über Janwillem van de Wetering

Der niederländische Schriftsteller Janwillem van de Wetering starb am 4. Juli 2008 im Alter von 77 Jahren im US-amerikanischen Bundesstaat Maine, wo er die letzten Jahrzehnte zuvor gelebt hatte. Am 12. Februar 1931 in Rotterdam geboren, erlebte er die Besetzung Hollands und die Zerstörung seiner Stadt durch deutsche Wehrmachtssoldaten und Nationalsozialisten. Dieses Thema spielte in seinen Büchern immer wieder eine Rolle, bis in die Verästelungen der Kollaboration hinein. Van de Wetering stammte aus einer Kaufmannsfamilie, begann ein Studium der Philosophie, brach es ab und ging im Sommer 1958 in ein japanisches Zen-Kloster, in dem er 18 Monate blieb. Sein Bericht darüber erschien im niederländischen Original 1972, die deutsche Übersetzung wurde 1975 unter dem Titel *Der leere Spiegel. Erfahrungen in einem japanischen Zen-Kloster* veröffentlicht.

Das knapp 150-seitige Bändchen, bis heute für kleines Geld als rororo-Taschenbuch lieferbar, ist eines der erhellendsten Bücher zum Thema Spiritualität. Der Wunsch nach Weisheit, die Suche nach Glück, die Hoffnung auf den Blitzstrahl erleuchtender Erkenntnis, die Sehnsucht nach Erlösung von irdischer Schwere, Mühsal und Plage, kurz: einiges von dem Krempel, der Menschen mit Tiefgang umtreibt, hält auch den jungen Klosterschüler van de Wetering auf Trab. Dass er die autobiographische Geschichte erst gut zehn Jahre später aufschrieb, ist ihr bestens bekommen; van de Wetering erzählt mit Abstand und Humor, und ziemlich schnell wird offenkundig, dass es für Erkenntnis, Weisheit und Erleuchtung keine Crash-Seminare oder Leistungskurse gibt. van de Wetering quält sich, nach anderthalb Jahren verabschiedet er sich resigniert, aber seine Lektion hat er bekommen: Das Leben muss weggelebt werden, Wachheit ist der Schlüssel, und ohne klares Bewusstsein ist alles nur Tran und Dschumm und Pooftütentum.

Dieses Sensorium bildete van de Wetering als Freizeitpolizist weiter aus; in Amsterdam lief er in einer Art Zivildienstmaßnahme jahrelang Streife und verschaffte sich auf diese Weise ein Wahrnehmungsbesteck für wirkliche Menschen in der wirklichen Wirklichkeit. Seine Erfahrungen im Umgang mit krimineller Energie flossen in seine zu Recht berühmt gewordenen Kriminalromane ein. Hauptfiguren sind die Polizisten Henk Grijpstra und Rinus de Gier, die einem Commissaris dienen, der eindeutig einem japanischen Zen-Meister nachempfunden ist und der – auch Eitelkeit ist eine Tatsache des Lebens – auf den Vornamen Jan hört. Später kommen noch der jüdische Kollege Simon Cardozo und die Polizisten Ketchup und Karate hinzu; allesamt sind die Figuren Facetten ihres Autors, der besonders stark in seinem alter Ego Rinus de Gier zu Tage tritt, einem athletischen, gut gewachsenen Vertreter der Spezies Mann, der seinen Kampfgeist durch Klarheit schärft.

Van de Weterings Kriminalromane erschöpfen sich nicht in Antworten auf die plumpen Fragen, wer der Täter war und wie man ihn fängt. Der Autor geht tiefenpsychologisch vor; seine Polizisten zeichnet er als musische, inspirierte Menschen, bereit zu intuitiver und mystischer Erkenntnis, und er schreibt in einer einfachen, klaren, von literarischer Angeberei erfreulich freien Sprache. Die spezifische Mischung aus Erkenntnissuche, Humor und Spannung, die van de Wetering schuf, ist einzigartig, doch berief sich van de Wetering stets auf sein Vorbild Robert van Gulik, der mit seinen »Richter Di«-Romanen Weltruhm erlangte und über den van de Wetering eine

Biographie schrieb. Seine Kunst entwickelte van de Wetering beständig lernend Buch für Buch, vom ersten eher naturalistisch schlichten Krimi »Outsider in Amsterdam« bis zu den hochkomplexen Romanen »Der Commisaris fährt zur Kur«, »Rattenfang«, »Der Feind aus alten Tagen«, »De Gier im Zwielicht«, »Straßenkrieger« und »Ölpiraten«.

Seine Bücher wurde verfilmt und verhörspielt; Dietmar Mues' Lesefassung der Erzählung »Die Katze von Brigadier de Gier« trifft van de Weterings gleichermaßen männlichen wie klug zarten Ton genau. Die Musik von Miles Davis läuft in vielen seiner Bücher wie eine Tonspur mit. Auch Tom Waits und seine Musik schätzte van de Wetering hoch – er lernte ihn kennen, an einer Hotelbar; der junge Waits, auf Hobo-Reise durchs Land, gab sich nicht als Sänger zu erkennen, arbeitete eine Zeitlang in van de Weterings Garten und schickte ihm später ein Band mit seiner Musik.

Auch über Zen, den er weiter praktizierte, schrieb van de Wetering explizit: Auf »Der leere Spiegel« folgten »Ein Blick ins Nichts. Erfahrungen in einer amerikanischen Zen-Gemeinde« und »Reine Leere. Erfahrungen eines respektlosen Zen-Schülers«, die er 1999 veröffentlichte. Darin heißt es: »Vernichte alle Konstruktionen, dann genieße den leeren Raum.« Dass van de Wetering auf diese Weise den Elftenseptember vorhersehend kommentiert hätte, wäre, bei allem Reiz, es so zu betrachten, zu flach gedacht.

Sämtliche Bücher van de Weterings habe ich mit Gewinn und Freude; sie werden, wie alle guten Bücher, durch Alter und mehrfache Lektüre nur besser. Mit modischem Dummgurkengefasel über Buddhismus haben sie nichts zu tun. Für dieses Genre sind der Allgemeinplatzwart Dalai Lama und seine geistfreien Anbeter wie die »Wir sind Helden«-Sängerin Judith Holofernes oder Speerspitzen aggressiver Schlichtheit wie Franz Beckenbauer oder Peter Maffay zuständig, die ihr angebliches

Interesse am Buddhismus geschäftstüchtig in die Welt hinauströten. Wenn *Bild* die Kalenderblattweisheiten des Dalai Lama in Serie druckt, nimmt der lesen und schreiben könnende Mensch ohnehin Abstand. Der westliche esoterische Modebuddhismus ist nicht minder peinlich aufdringlich als der hiesige herkömmliche Religionsschwindel.

Ein von Janwillem van de Wetering originär als Hörspiel geschriebenes Stück heißt »Sechs« – es geht um Arithmetik und Mystik von Zahlen. Seine Mordgeschichte erzählt van de Wetering eher milde und humorvoll und würzt sie geschickt mit der Musik seines Lieblingskomponisten Miles Davis. »Die Dinge passieren einfach. Gewissheiten gibt's nirgends«, sagt Grijpstra am Ende. Sein Kollege de Gier kontert: »Bist du sicher? Wie kannst du sicher sein, wenn es nirgends Gewissheiten gibt?« Die Antwort ist die Trompete von Miles Davis, die hinüberfließt in das lachende Quaken schaukelnder Enten auf einer Gracht in Amsterdam.

Ein Innenweltraumforscher

Georges Simenon und sein Kommissar Maigret

Wenn man gebeten wird, seinen Lieblings-Maigret-Roman des Schriftstellers Georges Simenon auszusuchen, ist das ganz leicht und ganz schwer zugleich: Leicht, weil sie alle gut sind; jedenfalls ist mir kein schlechter oder auch nur schwächerer Maigret-Roman bekannt. Und schwer, weil jeder einzelne von ihnen eben seinen ganz eigenen Reiz hat, indem Simenon sein Augenmerk auf ein besonderes Detail legt bei seiner Betrachtung der Spezies Mensch.

Georges Simenon war Berufsschriftsteller; er wollte keine literarischen Meriten verdienen, sondern Geld. Genau wie sein Kollege Dashiell Hammett, der zur selben Zeit in den USA den Kriminalroman für immer veränderte, trat Simenon im Genre des sogenannten Trivialen an. Er schrieb schnörkellos und ohne Mätzchen, und weil er viel veröffentlichte, schrieb er unter zahlreichen Pseudonymen. 1929 aber führte er seinen Kommissar Maigret mit dem Fall »Pietr der Lette« erstmals unter seinem eigenen Namen in die Welt des Kriminalromans ein.

Maigret, Simenons berühmteste Figur, ist ein Erforscher und Kenner der menschlichen Seele – man kann auch Psyche dazu sagen –, ein Innenweltraumforscher, dem Güte und Verständnis ebenso wenig fremd sind wie Abscheu und handgreifliche Wut. 25 Jahre nach seinem ersten Maigret-Roman schrieb Simenon 1954 *Maigret et la jeune morte*, »Maigret und die junge Tote«. Der Plot enthält vieles, was auch ein Trivialroman bräuchte: Auf der Place Ventimille wird in einer Regennacht eine junge Frau erschlagen aufgefunden. Anders als zunächst vermutet wird, ist sie keine Prostituierte. Die 20-jährige Louise Laboine ist in jeder Hinsicht ein unbeschriebenes Blatt; niemand in Paris kennt sie, und sie scheint niemandem zu fehlen.

Peu à peu deduziert Maigret die Geschichte des Mädchens; im Süden bei einer halbverrückten Mutter aufgewachsen, brennt sie mit 16 von zuhause durch. Ihr Vater, eine Art Gentleman-Krimineller, hat die Mutter verlassen, als Louise ein kleines Kind war. Der Mann ging Zigaretten holen und kam nie zurück – hinterließ aber seiner Tochter ein Erbe, für das sie ermordet wird: Kein Klischee scheint zu fehlen in diesem Plot, aber Simenon gestaltet den Roman als Sternstunde der Psychologie.

Eine der schönsten Szenen des Romans spielt sich im häuslichen Milieu des Ehepaars Maigret ab: Als der Kommissar darüber brütet, warum die junge Tote ein Abendkleid trug, erzählt ihm Madame Maigret, wie sie sich als junges Mädchen heimlich ein Abendkleid schneiderte und sich vor dem Spiegel bewunderte und wie sie, ebenso verstohlen, Kleider und Schuhe ihre Mutter anprobierte. Als Madame Maigret endet, errötet sie – und man weiß genau, warum ihr Mann sie so liebt: Es ist die Anmut, die sich aus Klugheit und Schamgefühl fügt.

Gabardinehosen und schwarz behaarte Hände

Wie man mit Astrid Lindgrens Hilfe einen Mörder erkennt

Mein erstes Buch von Astrid Lindgren war »Pippi in Taka-Tuka-Land«. Ich las es im Campingurlaub auf Capo Mimosa in Ligurien, aber als Junge von neun Jahren fand ich ein Mädchenbuch, auch wenn es keine zwangsniedliche »Hanni und Nanni«-Konfektionsware war, nur bedingt akzeptabel. Ganz anders verhielt es sich allerdings mit Lindgrens Krimi »Kalle Blomquist lebt gefährlich« – das Buch war aufregend und kribbelte an den Nervenenden. Es gab zwei Dreierbanden, die sich »Die Roten Rosen« und »Die Weißen Rosen« nannten, da war ein kultisch verehrter kleiner Stein namens »Großmummrich«, und alles Wichtige wurde in Geheimsprache bekakelt. »Mom ö ror dod e ror«, sagt Eva-Lotta, als sie den Mörder des alten Gren identifiziert. »Mom ö ror dod e ror« heißt Mörder. Noch heute läuft es mir kalt den Rücken herunter, wenn ich mich daran erinnere, wie ich das zum ersten Mal las: »Mom ö ror dod e ror.«

Mit Geheimsprache kannte ich mich aus, allerdings hatte ich eine andere, in der ein Mörder »Mörbörderber« geheißen hätte, Kalle Blomquist »Kaballebe Blobomquibist«, Eva-Lotta »Ebevaba-Lobottaba« und Astrid Lindgren »Abastribid Libindgreben«. Aber geschenkt: »Kalle Blomquist lebt gefährlich« war unglaublich spannend. Dabei ist der Titel irreführend, denn gefährlich lebt nicht in erster Linie Kalle, sondern vor allem seine Kombattantin Eva-Lotta, die nicht nur einen Mörder entdeckt, sondern auch einen Arsen-Anschlag mit vergifteter Schokolade auszustehen hat. Der Mörder, das erfährt man schon früh, trägt grüne Gabardinehosen. Das Wort hatte ich nicht im Repertoire: Gabardine. Was war das? Gardinen kannte ich, aber Gabardine? Der Mann, den Eva-Lotta sah, konnte ja wohl kaum dunkelgrüne Gardinenhosen anhaben.

»Ja, Gren hatte Besuch, man konnte es deutlich hören. Kuchen wurde aber nicht serviert. Jemand stand mit dem Rücken zum Fenster, jemand, der mit tiefer Stimme aufgeregt sprach. Eva-Lotta konnte zwar nur einen Teil von dem Betreffenden sehen, da die Jalousie ja zur Hälfte herabgelassen war; aber sie sah, dass Grens Besuch dunkelgrüne Gabardinehosen anhatte.« So lautet die Passage, in denen der Mörder und seine Gabardinehosen zum ersten Mal auftauchen. Das Wörterbuch half: Gabardine ist ein schwerer Kammgarnstoff. Aha.

Das Rätseln, Raten und Lernen ging gleich weiter. Gestritten wurde um Geld, das der Wucherer Gren von seinem Besucher zu bekommen hatte – den wiederum Eva-Lotta sagen hörte: »Wir treffen uns am Mittwoch. An der gewohnten Stelle. Bringen Sie meinen Revers mit, nein, alle verdammten Reverse, jeden einzelnen. Ich werde sie alle einlösen. Es muss endlich Schluss damit sein.« Revers? Reverse? Was war das schon wieder? Erneut half das Wörterbuch. Um einen »Aufschlag am Herrenrock und Mantel« konnte es sich aber wohl nicht handeln, auch nicht um die »Rückseite einer Münze«, aber es gab ja noch eine dritte Bedeutung: »schriftliche Gegenverpflichtung, Verpflichtungsschein«. Das haute hin. Die Reverse, von denen hier die Rede war, waren Schuldscheine.

Ein weiteres Merkmal des Mörders sind die schwarzen Haare auf seinen Händen – vor denen es mich ganz besonders gruselte. »Viele schwarze Haare auf den Händen«, sagt Eva-Lotta, als sie dem Kommissar den Mörder beschreibt, und später heißt es: »Und sie erkannte seine

Hand wieder. Diese Hand erkannte sie. Sie war wohlgeformt und reichlich mit dunklen Härchen bewachsen.« Mörder, das war für mich damit klar, tragen dunkelgrüne Gabardinehosen und haben schwarz behaarte Hände.

Heute weiß ich: Mörder können so und so aussehen, wie Wladimir Putin, wie ein kleiner deutscher Oberst in Afghanistan oder wie ein Familienvati. Mit grünen Kammgarnbuxen und schwarz behaarten Händen kommt man auf der Suche nach ihnen nicht weit, so einfach ist es nicht. »Kalle Blomquist lebt gefährlich« heißt im schwedischen Original *Mästerdetektiven Blomkvist lever farligt*, erschien bereits 1951 und auf deutsch erstmals 1969. Beim Wiederlesen im März 2007 fand ich einen neuen Lieblingssatz, der nichts mit dem Großmummrich, mit Geheimsprache oder dem Krieg der Rosen zu tun hat. Dass mir der Satz so gut gefällt, liegt daran, dass ich, wider alle Erfahrung und besseres Wissen, ab und zu immer noch Zeitung lese. Der Satz trifft ins Schwarze und geht so: »Darf man denn so blöd sein, wie man will, wenn man in der Zeitung schreibt?«

Weil es sich um eine rhetorische Frage handelt, verzichtete Astrid Lindgren auf eine Antwort. Ich erlaube mir, sie nachzureichen: Man darf nicht nur, man muss sogar.

Mein erster Literaturpreis

Eine Gastgeschichte von *Rayk Wieland*

Es war Sonntag oder Dienstag, ich hatte nichts zu tun, ich schloss die Augen, öffnete sie wieder, ohne sieben Unterschiede zu finden, und überlegte gerade, ob ich mir ein einzelnes Saisonhuhn kaufen und auf dem Balkon einquartieren sollte, um mit ihm gemeinsam die Wonnen der sexuellen Enthaltsamkeit zu teilen, eine Legehenne, die nicht legen kann, es sei denn, ein Nachbar von oben würde nachts einen Hahn abseilen, da kam mir unversehens der Gedanke, dass es an der Zeit wäre, es mit einem Literaturpreis zu versuchen. Ich kannte viele, die erfolgreich im Abgreiferladen namens Literaturbetrieb unterwegs waren und rund um die Uhr absahnten und einstrichen, während ich weder säte noch erntete, aber vom Herrn dennoch ernähret wurde, wiewohl ich nicht sang, ja nicht einmal brummte und vor einiger Zeit sogar das Wippen mit dem Fuß eingestellt hatte. Ein paar Anrufe später standen mir bereits eine Reihe von lukrativen Literaturpreisen zur Auswahl, die in allernächster Zeit fällig wurden und nur darauf warteten, meinem Konto gutgeschrieben zu werden.

Allein die Auswahl des in Frage kommenden Preises machte einen Riesenspaß, ich kam mir vor wie ein fremder Shoppingsüchtiger in einem fremden Land mit fremden Auslagen in fremden Geschäften. In den nächsten Tagen und Wochen würden überall im Land Jurys zusammentreten, um etwa die »Buxtehuder Bulle« für er-

zählende Jugendbücher zu verleihen, den Colonia-Con-Storywettbewerb für SF, Horror, Grusel, Fantasy und die Randgebiete der Phantastik mit dem Thema: »Ich bin drin« zu entscheiden, den »Bumerang Literaturpreis« zu verleihen, den Preis von Literatenohr e. V. zum Thema: »Berlin: Schwellenraum und Gedächtnislabyrinth«, den Gewinn der Online-Zeitung *WieND* in der Kategorie erotische Geschichte oder erotisches Gedicht zu vergeben, den »Nehmt mich beim Wort«-Literaturpreis des Behindertenbeauftragten der Bundesregierung, den Apotheken-Literatur-Preis in der Kategorie:
»Geschichten rund um die Apotheke« sowie den Ulm-Uslaerer Literaturpreis der Ulm-Uslaer Autoren zum Thema: »Leben außerhalb des Zentrums – Einzelschicksale, Erfahrungen, Überlegungen zu den Bereichen Partnerschaft, Arbeitswelt, Freizeit, Ost-West-Beziehung und Radikalismus«.
Nahezu alle denkbaren Thematas und Tamtatas schienen preiswürdig zu sein. Eine Zeitlang überlegte ich ernsthaft, einen Text zu verfassen, der für alle Ausschreibungen passte. Die Geschichte würde von einem Pferd handeln, das Bumerang heißt und das ein Ulmer Sodomit, der es zusammen mit einem aus Buxtehude stammenden Zuchtbullen und einem kleinen Zwergkaninchen namens Literatenohr viele Jahre quälte, beiseite schaffen will, sei es, weil er der alten Mähre überdrüssig geworden ist, sei es, weil sein Herz inzwischen für einen behinderten Außerirdischen schlägt, dem er in einer Apotheke in Uslar begegnet ist und mit dem er nach einer unauffälligen Korrespondenz über Leben außerhalb des Zentrums, Arbeit, Freizeit, Ost-West-Beziehung und Partnerschaft bereits erotische Gedichte ausgetauscht hat – aber wohin dann mit Bumerang?
Er musste es wohl oder übel in irgendeinem Berliner Schwellenraum oder Gedächtnislabyrinth Berlins verklappen, von welchem Ort es aber, wie der Name sagt, bumeranghaft zurückschnellen würde, um seinen Peini-

ger in Ulm oder Uslar zu rächen – dies wäre die Happyend-Variante – oder, Bumerang hin oder her, eben nicht.

In der folgenden Nacht schrieb ich einen streng der Kunstfreiheit verpflichteten Text, der sowohl als Romankapitel als auch als Kurzgeschichte oder episches Gedicht würde durchgehen können, und nannte ihn, in Ermangelung einer besseren Idee und weil ich gerade in der Küche stand, »Die Herdplatte«. Er handelte von einem im Laufe der Jahre völlig verkauzten Typen, der nach zähem Studium von Philosophie und Soziologie sowie fatalem Engagement in versprengten Grüppchen eines Tages, allein zwischen seinen Regalgestellen, derart verzweifelte, dass er das *Kapital* von Karl Marx in einer Pfanne briet, sich daraufhin an dem außen knusprig gebrutzelten, aber innen noch blutigen Buchrücken mehrmals verging, um anschließend das Werk mit dem Filetmesser zu tranchieren und Seite für Seite zu verspeisen. Zum Nachtisch gab's die *Phänomenologie des Geistes* von Hegel mit etwas Zimt. Im Anschluss rieb mein Held sich die Augen, die Therapeutin beendete mit einem Fingerschnipsen die Hypnose, und während sich die Leser noch fragten, was hier Wahrheit, was Hypnose und was Therapie sein könnte, wechselte abermals die Szene, ertönten Beifall und Buhrufe, Licht ging an, und das ganze Geschehen erwies sich als eine Kunstperformanz des Tanztheaters Ulm-Uslar, die Darsteller verbeugten sich, zappelten ein bisschen, und Schluss.

Ich erfand eine kleine Bibliographie, die mich als Verfasser des experimentellen Romans *Kafkas Kaftan*, der Essay-Sammlung *Ankunft und Auskunft* sowie des Gedichtbands *Speichen musst Du weichen* vorstellte, legte ein paar selbstgedrehte Pressestimmen bei à la »R. W., einer der leiseren Lautsprecher nicht nur seiner Generation« und schickte die Geschichte nach Ulm-Uslar zu dem sympathischen Literaturwettbewerb mit -u-, der es mir vom Klang her am meisten angetan hatte.

Und was geschah? Vorerst nichts. Täglich observierte

ich meinen Kontoauszug, ob die 5.000 Euro eingegangen seien – Fehlanzeige. Erst nach zehn Wochen entdeckte ich zwischen den Angebotszetteln der Baumarktketten und ihren ewigen Sägemehlpreistiefstands-Annoncen einen Brief aus Ulm-Uslar.

»Sehr geehrter Herr Wieland«, las ich, »am 2. April hat die Jury des Ulm-Uslaer Literaturpreises für Ulm-Uslaer Autoren getagt, um die Auswahl der sieben Autoren/Autorinnen für die Endrunde zu treffen.« Schön, dachte ich, dass sie endlich mal loslegen. »Die acht Damen und Herren der Vorjury haben sich nach rund zwei Monaten der Beschäftigung mit den 977 zum Ulm-Uslaer Literaturpreis der Ulm-Uslaer Autoren eingereichten Kurzgeschichten eine Meinung gebildet.« Ohje, seufzte ich. »Zunächst hatte jeder Juror 124 Beiträge zu lesen, von denen er die seiner Meinung nach besten allen Jury-Mitgliedern zur Lektüre vorgelegt hat.« Mir schwante nichts Gutes. »Aus diesem Kreis wurde nach langer gemeinsamer Debatte und mehrheitlicher Abstimmung sieben Kurzgeschichten ausgewählt, deren Autoren/Autorinnen in die Endrunde eingeladen werden. Leider ist ihre Kurzgeschichte nicht für die Endrunde vorgeschlagen worden. Bitte haben sie für diese Entscheidung Verständnis.« Mit großer Körperbeherrschung las ich weiter. »Ich kann ihnen garantieren ... der Sorgfalt versichern ... mit der ... gerungen wurde. Mit freundlichen Grüßen, Ihr Manfred Hamsterer, Literaturredaktion der Ulm-Uslaer Autorenvereinigung Ulm-Uslaer Autoren.«

Kein Wort zu »Herdplatte«, nichts zu den formalen Innovationen meiner Erzählkunst. Wahrscheinlich hatten weder die Vor-, noch die Zwischen-, noch die Endjuroren irgendwas gelesen. Wie sonst hätte es möglich sein können, dass mir der Preis verweigert wurde.

Wenn sie dachten, damit bei mir durchzukommen, hatten sie sich getäuscht. Ich drehte den Wisch um und schrieb auf die Rückseite:

»An die Literaturredaktion der Ulm-Uslaer Autorenvereinigung Ulm-Uslaer Autoren. Herrn Manfred Hamsterer. Hamburg, 1. Mai 2003. Sehr geehrter Herr Hamsterer, ich danke Ihnen für Ihr Schreiben vom 7. April, dem ich mit einiger Verblüffung entnehme, dass meine Kurzgeschichte DIE HERDPLATTE von keinem der immerhin acht Juroren und Jurorinnen für die Endrunde zum Ulm-Uslaer-Literaturwettbewerb auserkoren wurde. Da es sich hierbei nur um eine zwar äußerst bedauerliche, wenn auch angesichts von 977 zu begutachtenden Einsendungen vielleicht sogar unvermeidliche Fehlleistung Ihrerseits handeln kann, ich jedoch meinerseits das Ding nicht an die große Glocke hängen will, möchte ich, um Ihnen weitere Aufregung und unerquickliches Geschrei zu ersparen, einen ebenso generösen wie pragmatischen Vorschlag zur Güte machen. Sie überweisen das ausgelobte Preisgeld von 5.000 € stillschweigend auf mein Konto, ich lasse die Sache damit auf sich beruhen. Auf die Weise erfährt kein Mensch etwas vom desaströsen Flüchtigkeitsfehler in Ihrer Jury, und ich kann mit den 5.000 €, die eh schon fest eingeplant sind, hantieren. Ich gebe Ihnen mein Wort, dass ich die Angelegenheit mit Zahlungseingang als rechtsverbindlich erledigt betrachten und absolutes Stillschweigen bewahren werde.

Mit freundlichen Grüßen.
Ihr R.W.

PS: Denken Sie bitte nicht, dass ich immer automatisch davon ausgehe, Wettbewerbe, an denen ich teilnehme, zu gewinnen und Preisgelder einzustreichen, aber schon der erste Satz der HERDPLATTE macht meines Erachtens signifikant, wem die 5.000 € zustehen sollten, wenn alles rechtens wäre, nämlich mir. Er lautet, zu Ihrer Erinnerung: ›Bevor es dunkel wurde, sah er noch kurz im Fenster gegenüber den hell leuchtenden, wie zwei Mondhälften aufblinkenden nackten Hintern der Nachbarin, ein Anblick, den er außerordentlich schätzte und der ihn schon oft getröstet hatte, wenn wieder ein Tag verstrichen war, ohne dass die Nachricht vom Ausbruch der Revolution oder wenigstens von einem Lottogewinn hereingeschneit wäre.‹ Sie finden die Schlüsselwörter am Anfang, in der Mitte und am Ende, sie lauten: ›dunkel‹, ›hell‹ und ›Gewinn‹, wobei ›dunkel‹ für Ihre Aussichten steht, wenn Sie die falsche Entscheidung treffen, ›hell‹ für das Tunnelende meiner Kontoführung infolge von ›Gewinn‹, der hier den Gewinn des Preisgeldes verkörpert. Ich denke, Sie sehen das genauso.

PPS: 977 Kurzgeschichten, schreiben Sie, seien eingereicht worden, und die acht Damen und Herren der Jury hätten jeweils 124 Beiträge zu lesen gehabt, das macht nach meiner Rechnung allerdings 992 Texte, also exakt 15 zu viel, 15 Kurzgeschichten, die a) wahrscheinlich nie geschrieben, b) nicht eingereicht wurden und also c) nicht registriert werden konnten, d) auch keinen Autor und keine Autorin haben können, aber dessenungeachtet e) trotzdem gelesen wurden. Würde mich, lieber Manfred Hamsterer, nicht wundern, wenn das Ihre Preisträger sind, alter Freund!«

Ich setzte die Post ab und verbrachte die nächsten Tage mit nichts als anderem als der Prüfung meines Kontoauszugs. Leider war da rein gar nichts zu prüfen. Nach zehn Tagen fand ich einen Brief aus Ulm-Uslar im Kasten. Na endlich, dachte ich, der Scheck. Ein paar Minuten aber später sah ich mich schon wieder an der Maschine sitzen, um auf der Rückseite von Hamsterers Brief meine Antwort zu tippen. »Sehr geehrter Herr Hamsterer, schön, dass Sie so schnell geantwortet haben, nicht schön, dass Ihr Brief die Schlüsselworte »bedauerlicherweise«, »leider« und »unmöglich« enthält, die allesamt darauf hinauslaufen, dass Sie die 5.000 Kröten, die Sie mir schulden, nicht rausrücken wollen. Ich verspüre nicht die geringste Sehnsucht, nach Ulm-Uslar zu reisen, um Ihnen persönlich meine Idee von der Preisverleihung zu erläutern, aber ich sehe leider keinen anderen Weg als eben diesen. Bitte finden sie sich freundlicherweise übermorgen um 13.40 Uhr in der Herrentoilette des Ulm-Uslaer Hauptbahnhofs ein. Sie sollten sportliche Kleidung sowie 5.000 Euro mitbringen. Vielleicht können wir im Anschluss an die Geldübergabe noch etwas essen gehen, ich lade sie ein.

Mit freundlichen Grüßen
Ihr R.W.«

Die vom Odem des Urinsteins durchwaberte Herrentoilette des Ulm-Uslaer Bahnhofs, konnte ich zwei Tage später feststellen, ist kein günstiger Platz, um groß herumzuwarten. Einen Pisser im Jogginanzug sprach ich an, ob er die 5.000 Euro habe.

Er schaute mich an, als würde er mich erkennen.

Ich schaute ihn an, als würde ich ihn erkennen.

5.000 Euro, sagte er, seien eine enorme Summe. Er habe 50 dabei, und wenn ich mit ihm nach Hause käme, auch 500.

500, fragte ich.

Versprochen, antwortete er.

So kam ich zu meinem ersten Literaturpreis. Ich kassierte die vollen 5.000 Euro, da ich meinen Aufenthalt in Ulm-Uslar auf zehn Tage, sagen wir, ausdehnte. Zehn Tage, die auch mich leider sehr, sagen wir, ausdehnten. Wieder zu Hause, redete ich lange und ausgiebig mit niemandem als meinem Teppich. Im Anschluss an unsere Unterredung rollte ich ihn und mich zusammen und tat, was Literaturpreisträger tun, wenn sie nicht gerade Literaturpreise empfangen: eher nichts.

Die eukalyptischen Reiter

»Vom Wahrsagen lässt sich's wohl leben in der Welt, aber nicht vom Wahrheit sagen«, notierte Georg Christoph Lichtenberg in seinen *Sudelbüchern*. Der Satz hat sein Verfallsdatum noch nicht erreicht, und wie es aussieht, galt er schon immer. Lichtenbergs Kollege Gerhard Henschel jedenfalls weist in seinem großen Essay »Menetekel – 3000 Jahre Untergang des Abendlandes« überzeugend nach, dass professionelle Schwarzseherei, öffentliches Händeringen, fader Zivilisationspessimismus und gratismoralisierendes Früher-war-alles-besser-Gebrabbel überhaupt keine neuen, aber traditionell höchst einträgliche Beschäftigungen sind.

So alt wie das Abendland ist das Gerede über seinen Untergang – mit dem wahlweise jammernd, anklagend, im pathetischen Visionärston oder militant gedroht wird. Das Erstaunlichste daran ist, dass der kalte Weltuntergangskaffee wieder und wieder aufgetischt und ausgeschenkt wird; es müsste doch sogar Apokalyptikern selbst irgendwann einmal auffallen, dass ihre Litaneien weder singulär noch originell sind, sondern abgestandene, konfektionierte Massenware. Aber den Weltuntergangsfanatikern wird das Repetieren ranziger Hassausbrüche auf alles, das außerhalb ihrer Kontrollwahnvorstellungen lebt und sich vollzieht, offenbar niemals langweilig. Was ja einiges über die Dürftigkeit, Zwanghaftigkeit und Langeweilerbereitschaft der eukalyptischen Reiter aussagt.

Schon der Apostel Paulus sah das »Ende aller Dinge« ganz nah vor sich und behelligte den Teil der Menschheit, dessen er habhaft werden konnte, mit unerwünschten Regelwerken zur Einschränkung der Lebensfreude. Der Hauptanklagepunkt, und daran hat sich bis heute nichts geändert, lautet: Fleischeslust. Die Menschheit, das hauen ihr die säuerlichen Religionslehrer aller Fraktionen immerzu um die Ohren, sei wollüstig, sittenlos, verderbt und überhaupt ganz, ganz schlimm. Ja und? – könnte man fragen und sich wieder den irdischen Freuden zuwenden, doch die Moralapostel ersetzen Überzeugungskraft durch Lautstärke, Penetranz und hohes Nervtötungspotential.

Die Quälgeister der hallizunierten Gesittung geben keine Ruhe, sie lassen nicht davon ab, Klügeren und Verträglicheren Vorschriften zu machen, und die Deutschen können Vorschriften offenbar ganz besonders gut. Martin Luther, der die Welt ins Elend des Protestantismus stürzte, als diese sich gerade vom Joch des Katholizismus befreite, forderte zum Abschlachten von Bauern auf, die es im Leben weniger hart und mühsam haben wollten. Seine Nachfahren waren und sind nicht weniger martialisch und gewalttätig; es ist auffällig, dass der Wunsch, anderen die Lebenslust zu beschneiden, mit großer Gewaltbereitschaft einhergeht. Gerhard Henschels Buch zeigt detailliert, dass Nationalismus, Rassenhass und Antisemitismus die Kehrseiten der Lustfeindlichkeit sind. Je mehr einer den Sittenverfall bei anderen anprangert, desto mehr muss man sich vor ihm hüten.

Ausführlich, zitatgesättigt und souverän führt Henschel die Weltuntergangsstimmung als Neurose lustunfähiger, freudenfeindlicher Nussknacker vor. Thomas Manns Gargel über das »psychisch Widerdeutsche« an der »menschlichen Zivilisation« wird dezidiert ausgebreitet; ein anderer Herrenmensch, Richard von Weizsäcker, wird als das *Bild*-Werbemodel gezeigt, das er ist. Es muss wohl die »Ethik der Pflicht« sein, die der Wehrmachtsoffizier von Weizsäcker so gern beschwört. Was Henschel beispielsweise aus den Schriften Ernst Moritz Arndts, Oswald Spenglers, Rudolf Bahros und Reinhard Jirgls zutage fördert, ist gespenstisch, wird aber von Henschel so gekonnt extrahiert und so klug und trocken kommentiert, dass seine Reise durch den Sittlichkeitswahn bei aller Schrecknis des ausgebreiteten Materials eben auch ein großes Vergnügen ist – das Vergnügen an einem klaren Kopf, der dem verschraubten, nöligen, heuchlerischen und hasserfüllten Schwurbel die heiße Luft ablässt.

Die Apokalyptiker rhabarbern, das haben sie immer getan, sie können nichts Anderes. Und was macht die Welt? Das einzig Richtige: Sie dreht sich weg. Sie dreht sich um. Sie gähnt. Sie dreht sich weiter.

Lieder für immer

Leonard Cohen zum 75. Geburtstag

Das erste, das an Leonard Cohen auffällt, ist die Langsamkeit seines Gesangs. »Suzanne takes you down / To her place near the river ...« Kann das menschliche Ohr überhaupt so langsam hören wie Leonard Cohen singt? Jedenfalls braucht es Übung, Erfahrung und Geduld, Leonard Cohen zuzuhören. Er klingt, als suche er beim Singen nach Worten – die dann aber so sorgfältig gut gewählt sind, dass sie für immer im Gedächtnis bleiben: »Like a bird on a wire / Like a drunk in a midnight choir / I have tried in my way to be free«. Der Sänger, ob er nun als Vogel auf dem Draht oder als Betrunkener in einem mitternächtlichen Chor singt, hat auf seine Weise versucht, frei zu sein? Das sind keine Bilder für unruhige 17-jährige. Wenn Leonard Cohen langsam singt, dann gibt der Dichter seinen Zuhörern immerhin die Chance, ihm zu folgen.

Beim ersten Hören gelingt das allerdings nie. Cohens Texte sind tief und dicht; was er sagt, hat mehr Gewicht, als das Trommelfell auf einen Happs verdauen kann. Die gar nicht so falsch liegenden Literaturwissenschaftler, die hartnäckig Bob Dylan für den Literaturnobelpreis vorschlagen, dürfen sich allerdings fragen lassen, ob Leonard Cohen nicht der noch bessere Mann für diesen Preis wäre.

Als ein neuer oder ein zweiter Bob Dylan wurde der Sänger Leonard Cohen in den 1960er Jahren gehandelt und angepriesen. Dabei wollte Cohen Schriftsteller werden, nicht Musiker. Das Singen war ihm anfangs nicht sehr wichtig, und selbst, als er damit Erfolg hatte, nannte er es bloß eine Möglichkeit zum Geldverdienen. Er veröffentlichte drei Gedichtbände und zwei Romane, bevor er 1967 auf dem Newport Folk Festival als Sänger debütierte. Es folgte die erste Langspielplatte, »Songs of Leonard Cohen«, mit Liedern wie »So long, Marianne«, »Sisters of mercy« und »Suzanne«.

Der Sänger, Dichter und Komponist Cohen war berühmt, seine Lieder wurden, so melancholisch und depressiv sie auch klingen, zu Gassenhauern. Der Regisseur Robert Altman entdeckte Cohens Musik für seinen Western »McCabe & Mrs. Miller«, aber auch mindere Künstler griffen beherzt zu: Der notorisch den Poesieclown hervorkehrende Herman van Veen sang Cohens »Suzanne« auf deutsch und niederländisch. Das Lied hat es bis heute überlebt.

Es scheint paradox, dass Cohen bei aller Langsamkeit stets seiner Zeit voraus war. Er hatte auf einer griechischen Insel gelebt, bevor das unter Künstlern Mode wurde; er logierte im legendären Chelsea Hotel in New York, bevor jedermann dort herumhing, und er zog sich in ein buddhistisches Kloster zurück, bevor die öffentliche DalaiLama-Gutfinderei ein reklameträchtiger Trend wurde. Im Jahr 2001, als er bereits halb in Vergessenheit geraten war, meldete sich Leonard Cohen mit dem Album »Ten New Songs« eindrucksvoll als Dichter und Sänger zurück; seit März 2008 befindet sich Cohen auf einer langen, vom Publikum mit großer Begeisterung aufgenommenen Tournee.

Unter Musikern ist Leonard Cohen ohnehin ein Fixstern. Von seinen Liedern gibt es mehr als 1 700 Coverversionen; berühmte Kollegen wie R. E. M., Jeff Buckley, Joe Cocker, John Cale, Rufus Wainwright und Jennifer Warnes huldigen Leonard Cohen, indem sie seine Lieder aufnehmen und aufführen. In den Olymp der Coverversionen hat Leonard Cohen es ohnehin längst geschafft: Johnny Cash, der in seinen letzten Lebensjahren aus guten Songs Lieder für die Ewigkeit machte, sang Leonard Cohens »Bird on the Wire« so substanzbetont schnörkellos, dass dieses Lied, von Cohen 1969 auf dem Album »Songs from a Room« veröffentlicht, sogar noch an Gewicht gewann.

Leonard Cohen singt nicht nur langsam; das, was er singt, ist auch für eine sehr lange Zeit gedacht. Ich würde sagen, für immer. Aber das merkt man erst, wenn man Leonard Cohen lange genug zuhört.

Schön schlicht und schlicht schön

Johnny Cashs nachgelassenes Album »American VI: Ain't No Grave«

Sechseinhalb Jahre nach dem Tod des Sängers Johnny Cash erhebt sich seine Stimme noch einmal zu einem großen Gebet: »Well there ain't no grave can hold my body down« – »da ist kein Grab, das meinen Körper festhalten könnte«. Das Lied klingt, als sei es von Cash für seine eigene Auferstehung geschrieben worden. Doch »Ain't No Grave« ist ein schlichtes *traditional*, eines der vielen Lieder aus dem reichen Fundus der amerikanischen Volkskultur, aus dem Johnny Cash schöpfte – und den er selbst um seine Songs bereichert hat.

1994 begann die Zusammenarbeit zwischen Johnny Cash und dem Produzenten Rick Rubin. Cash, dessen Karriere in Routine leer zu laufen drohte, war auf der Suche, und Rubin war das Beste, das ihm passieren konnte. Rubin brachte den Sänger dazu, sich von konfektionierten Country-Arrangements zu verabschieden und stattdessen ganz auf die Kraft seiner Stimme, auf gute Kompositionen und auf feine, inspirierte Musiker zu vertrauen. So entstanden die »American Recordings«, das große Songbook des Johnny Cash. »Ain't No Grave« ist das sechste und letzte Album der Reihe. Die zehn Lieder, die Cash in seinen letzten Lebensmonaten aufnahm, strahlen Klarheit und Wärme ab, und manche von ihnen sind geradezu durchsonnt von Alterszartheit.

Das Liebesabschiedslied »For the Good Times« stammt

von Cashs altem Freund und »Highwaymen«-Weggefährten Kris Kristofferson, der nicht nur ein großer Sänger und Schauspieler ist, sondern ein Dichter, der Schmerz und Trost in gültige und gütige Bilder zu fassen weiß: »There's no need to watch the bridges that we're burning«. In der sanften Stimme von Cash hat sich rauhe Männlichkeit in liebevolle Weisheit gewandelt. Cash singt von dem, was übrig bleibt, wenn die Fassaden abgeblättert sind; seine Stimme ist ein Fixstern in einer umnachteten Welt.

Wenn eine Wahrheit einfach ist, wird sie dadurch nicht weniger wahr. Dass ein reicher Mann nur selten durch Zufriedenheit auffällt, ist nichts Neues unter der Sonne, darf aber gerade in Zeiten hysterisch überhöhter Bereicherungsbegierden durchaus vorgetragen werden. Und wer könnte das überzeugender tun als Johnny Cash, wenn er singt: »It's so hard to find / one rich man in ten, with a satisfied mind«.

»Ain't No Grave« ist ein Abschiedsgruß. Während der Aufnahmen im Frühjahr 2003 hatte Cash den Tod seiner Frau June Carter erlebt – und seinen eigenen direkt vor Augen. Wie klar sein Geist war, kann man der Grundruhe und der Gelassenheit anhören, mit der Johnny Cash Lebewohl sagt. Schlussstein dieses Albums ist das Abschiedslied der letzten hawaiianischen Königin Lili'uokalani. Es heißt schlicht »Aloha Oe«; die letzten Worte lauten: »until we meet again« – bis wir uns wiedersehen. Fällt irgendeinem vernunftbegabten Menschen ein erwähnenswerter Einwand gegen die schlichte Schönheit dieser Idee ein?

Den Regen spüren, wenn man tot ist

Zum 75. Geburtstag von Willie Nelson

>Gravedigger
>When you dig my grave
>Could you make it shallow
>So I can feel the rain
>Gravedigger

Über das ewige Leben spricht Willie Nelson mit dem Fachmann, dem Totengräber – und bittet ihn, sein Grab nicht allzu tief zu machen, damit er den Regen spüren kann. 75 Jahre alt wurde Willie Nelson am 30. April 2008, und sein kurz zuvor erschienenes Album »Moment of Forever« beschäftigt sich auch mit dem Älterwerden, dem Tod und der Sehnsucht nach einer Ewigkeit, die sich in jedem einzelnen Augenblick herstellen möge.

Allerdings tritt Nelson dem Thema erfreulich vital und humorvoll entgegen; mit dem Senkblei wohlfeiler oder tattriger Besinnlichkeit verschont er sich und seine Hörer. Die sich also noch einmal freuen dürfen, dass Nelsons Freund Richard ›Kinky‹ Friedman 2006 nicht Gouverneur von Texas wurde; der Countrysänger und Krimiautor Friedman hatte für den Fall seiner Wahl angekündigt, ausgerechnet den Erzrebellen Willie Nelson zum Chef der »Texas Rangers« zu machen. Nelson kann weiter polizeifrei die Fahne der »Highwaymen« hochhalten, jener Bad Boy Group und Bande alter Männer, die er in den 80er Jahren mit Johnny Cash, Kris Kristofferson und

Waylon Jennings gründete. Ein Fahrensmann, ein gleichermaßen gesetzloser wie gottesfürchtiger Pirat ist Willie Nelson geblieben. Den Freibeutern dieser Welt widmet er eine kleine Hymne; »The Bob Song« hat die souveräne Stringenz und Weisheit eines gelungenen Kinderliedes.

He said, you swing from your tree and I'll swing from mine
You have your lemons and I'll have my limes
Funny, we all act like monkeys some times
You swing from your tree and I'll swing from mine

»Moment of Forever« ist ein Album der Rückschau und einer zwar dezent altersironisierten, aber im Kern ganz ernst gemeinten Selbstbehauptung. Hier singt kein Heiopei aus Digitalien, wo man Moden züchtet wie Bakterienkulturen; hier singt einer, der weiß, wie schwer die Welt wiegt und wie man ihr gegenübertreten kann im Versuch, sie mit seiner Existenz immerhin nicht noch weiter vollzumüllen. Zum Ernst gehört untrennbar die Erkenntnis des Komischen, also des Scheiterns, des Auf-der-Nase-Landens.

Unvollkommen und schlecht eingerichtet sind Welt und Mensch; es ist schon sehr auf den Punkt gebracht, wie Willie Nelson das schale Gefühl beschreibt, das entsteht, wenn die alten Tricks nicht mehr ziehen und die Frauen auf die hundertmal erzählten Schnurren nicht mehr hereinfallen.

> You don't think I'm funny anymore
> You used to laugh at all my jokes
> Even though you heard them all before
> But you don't think I'm funny anymore

Du glaubst nicht mehr, dass ich komisch wär; Nelson singt das ganz leichthändig, wie es nur einer kann, der die

Kraft hat, auch weit weniger angenehme Gefühls- und Gemütszustände zu durchmessen. In »Louisiana« läuft Nelson zu voller Größe auf, zur Höhe seiner Kunst. Randy Newman schrieb dieses Lied über eine Überschwemmungskatastrophe in den Südstaaten der USA, das bei ihm vollständig »Louisiana 1927« heißt, bereits 1974. Es ist eine Abrechnung mit routiniert herummenschelnden Politikern, die den schicksalseingefädelten Anlass nutzen, um gratis auf dufte zu machen.

Man sieht Gerhard Schröder durch das überflutete Mitteldeutschland latschen, diesen ledern grinsenden »Gazprom«-Humanisten als »Hemdsärmel in Gummistiefeln«. Man sieht Angela Merkel, die sich, wie Schröder vor ihr in Dortmund, in Cottbus als Fußballfan anflanscht. Und man hört den Zorn, die zähnezusammenbeißende Ironie und die Resignation, weil man solchen Volksnähesimulationsexistenzen nicht beikommt. Was singt Willie Nelson da: »Mitteldeutschland, o Mitteldeutschland, Ich glaub sie spülen uns weg, ich glaub sie hauen uns weg…«? Nein, nicht ganz; im Original klingt es dann doch etwas größer:

Louisiana, Louisiana / They're trying to wash us away, they're trying to wash us away

Dass man sich aber, den Versuchen der Heuchler und Betrüger aller Couleur zum Trotz, als Mensch eben nicht einfach zewa-wisch-und-weg-putzen lässt – das ist die Lektion, die Willie Nelson so überzeugend zu lehren weiß.

Schlaglöcher und andere Freuden

»Harps and Angels« von Randy Newman

Neun Jahre nachdem Randy Newman sein Album »Bad Days« veröffentlicht hatte, legte er im Sommer 2008 zehn neue Stücke vor, 35 Minuten komprimierte Weltsicht. »Just A Few Words in Defense of our Country« – nur ein paar Worte zur Verteidigung der USA möchte Randy Newman sprechen, und wenn dieser Komponist und Autor das sagt, lohnt es sich, genau hinzuhören.

Patriotismus, Hand aufs Herz und Hymne singen, die Fahne schwenken und das bisschen Resthirn durch Duseligkeit ersetzen, sind nicht die Dinge, mit denen sich Randy Newman berühmt gemacht hat. Seine Waffen sind Distanz, subtile Ironie, ein scharfer Verstand, Humor und hohe Musikalität. Unterlegt von exzellenter Countrymusik teilt Randy Newman seinen Landsleuten ganz unaufgeregt mit, dass es mit jedem Imperium nun einmal ein Ende hat – auch wenn sich die Insassen und Anhänger der USA das überhaupt nicht vorstellen können, geschweige denn wollen.

»Harps and Angels« heißt die CD, »Harfen und Engel«. In den Himmel kommen möchte Randy Newman aber noch nicht; er weiß auch, dass es ohnehin nichts würde damit, weder für ihn noch für sonstwen. Seine Lieder setzen auf Konzentration, nicht auf mediale Dünnsäureverklappung, und er liebt es immer noch, mit seinen Liedern in Rollen zu schlüpfen, in denen sich die Protagonisten selbst entlarven – wie ein reicher alter Sack und Knacker, der in Newmans Song »Only a Girl« feststellen muss, dass die junge Schönheit, nach der er lechzt, weniger an seinem spärlich vorhandenen Charakter, sondern veritabel an seinem Geld interessiert ist.

Sein eigenes Geld verdient Randy Newman vor allem mit Kompositionen für Hollywood-Filme – und machte sich, zumindest für mich, schon allein mit seinen Liedern in der Western-Komödie »The Three Amigos« unsterblich. 65 Jahre alt wurde Randy Newman am 28. November 2008, und bei aller Wachheit sind auch Erinnerungen ein Thema. Doch Newman, eigensinnig und hintergründig wie immer, schwelgt nicht sentimental herum, sondern feiert die Gedächtnislücken. »God bless the Potholes down on memory Lane« – »Gott segne die Schlaglöcher auf der Straße der Erinnerung«.

Was Randy Newman von anderen Komponisten unterscheidet, ist seine Doppelbegabung, nicht nur funkelnd intelligente, komische Lieder komponieren zu können, sondern auch Balladen von maximaler Herzzerreißungskraft. Auf »Harps and Angels« gelang ihm mit »Feels Like Home« wieder ein Stück für die Ewigkeit, das an große Vorgänger wie »Sail away« oder »Baltimore« anknüpft. Das deutsche Gratisgerede über die angeblich so dummen Amerikaner möge wenigstens immer dann verstummen, wenn diese viereinhalb Minuten subkutan verabreichter Wahrheit erklingen. Es gibt in Deutschland niemanden, der so etwas schreiben kann wie »Feels Like Home« von Randy Newman.

Broken English

Liebe, sagt Marianne Faithfull, gibt es nicht, nicht für sie. Sie sagt das ohne besonderen dramatischen Ausdruck. Es ist eine Feststellung.
Männer gab es, berühmte Männer, gockelige Männer, eitle Männer, viele Männer. Sie gaben ihr, was sie hatten: Bewunderung, Anbetung, Habenwollen und Begierde. Marianne Faithfull war schön, sie konnte jeden Mann haben, wenn sie das wollte, und jeder Mann, der bei Groschen und nicht blind war, wollte sie. Nur Liebe war nicht im Angebot. Liebe hätte da sein sollen, aber sie war nie da, sagt Marianne Faithfull. Stattdessen gab es den Schmerz über das nicht Vorhandene, und gegen den Schmerz gab es Spritzen und Tabletten, Flaschen und Gläser. Und Kliniken, Krankenzimmer, Zellen, Schwestern und Wärter in weiß. Damit kennt Marianne Faithfull sich aus. Sie hat das alles überlebt.
Alle Alpträume hat Marianne Faithfull geträumt, und sie verschenkt sie mit der Großzügigkeit einer Königin. Sie steht auf der Bühne, raucht mit Spitze, legt die Zigarette auf dem Notenpult ab, trinkt etwas, das nicht jugendfrei aussieht, singt, tänzelt ihrem Busen hinterher auf eine Weise, dass man, obwohl sie nicht mehr jung ist, schier in Raserei gerät über die Art, wie sie sich bewegt. Am Ende scheint sie zu straucheln, zwei kräftige Herren stützen sie beim Abgang von der Bühne, doch es bleibt ein großer Abend, auch in dieser Szene; keine Anmutung von Selbstentblößung verdirbt ihn, kein peinliches Überspielen. Es stimmt alles.
Im Bühnenlicht zeigt Marianne Faithfull, was die Sterne sind: glitzernde, leuchtende Scherben. Nur das Zer-

brochene strahlt auf diese Weise. »Broken English« singt sie ins zerborstene Spiegelglas, das Herz ist ohnehin gebrochen, was denn sonst, so ist das nun einmal, so selbstverständlich wie Einatmen und Ausatmen.

Mit genau dieser Selbstverständlichkeit gibt Marianne Faithfull sich hin – den Sonetten Shakespeares, die sie auf der Bühne spricht, als kenne sie die Liebe doch, von der sie so überzeugend sagt, dass es sie nie gab, nicht für sie jedenfalls. Sie gibt sich in die Musik, singt mit dieser Stimme, die eine Haut- und Schutzschicht nach der anderen ablöst, bis der Kern offenliegt, und sie, die schutzlos Scheinende, beschützt mit dieser Schutzlosigkeit ihr Publikum.

Zu metaphysischer Überhöhung gibt sie keinen Anlass. Erlösungsbedarf jedweder Art findet bei Marianne Faithfull keine Befriedigung. Sie ist eine ganz und gar unreligiöse Gestalt; Hoffnungs- und Marienkitsch strahlt sie nicht ab. There is no faith in Marianne Faithfull, kein Glaube, keine Zuversicht, da ist nur das Leben, das weitergeht in Anmut und Würde, um den Preis der Einsamkeit. Auch im Kino hat sie genau das gezeigt, in ihrer Rolle als ›Irina Palm‹, als sie dem Genre der darstellenden Kunst eine Wahrhaftigkeit zurückgab, die man dort sonst so schmerzlich vermisst – nicht aber bei Marianne Faithfull, der Königin des Überlebens.

Ein Bupp von 70 Lenzen

Karel Gott, so heißt es verbindlich, beging am 14. Juli 2009 seinen 70. Geburtstag, und doch mochte man es nicht so recht glauben. Das kann nicht sein: erst 70? Nein, niemals – der war doch immer schon da!
Seit ich hören kann, war da immer ein Karel Gott, und wahrscheinlich war er schon 700 oder 7000 Jahre vorher an Ort und Stelle; alterslos und doch wie einbalsamiert, dabei lausbübisch aus der Ölwäsche herauslugend und stets fröhlich und verheißungsvoll die Kundschaft angrienend wie ein in Schmalz ausgebackener Krapfen: Karel Gott, die gelungene gesungene Synthese aus böhmischem Knödel und leckendem Ölfass.
Hektoliterweise durchströmt das schwarze Gold der Tankstellen seine Kehle. Ein Born des Glücks ist dieses Organ, ein Jungbrunnen. Dabei ist die Speise, die Karel Gott seit werweißwielangeschon zu spenden weiß, uraltes Manna. Unverdrossen bespielt und begießt Karel Gott sein Publikum – den Tross jener Hinfälligen, Mühseligen und Beladenen, die sich in seine Konzerte schleppen, weil sie in Lourdes nicht das fanden, dessen sie zutiefst bedürfen: Trost und Heil. Kein Wunder: Die Brimborien von Lourdes sind nur eine schwache, schlechte Kopie eines Karel Gott-Konzertes.
Einem Berliner Jazzbassisten, mit dem zu musizieren ich in den 80er Jahren die Freude hatte, wurden die Ehre und das Privileg zuteil, in die Band von Karel Gott aufgenommen worden zu sein. Der talentierte Musiker spielte die Sache herunter: »Für mich is' det nur 'ne Mucke. Eine Tournee, und denn kann ick mir endlich den

Bass und den Amp koofen, auf die ick schon so lange scharf bin.« In Wahrheit wusste er, in welche musikalischen Sphären er geraten war. Als ich ihn nach seiner Tournee fragte, wie es denn gewesen sei, antwortete er in Rätseln und brummte nur: »Hong-Kong, Ams-ter-dam.« Ich verstand nicht und hakte nach: »Wie? Ihr wart in Hongkong und in Amsterdam?« Der Bassist grinste und sprach rhythmisch. »Nee. Aber det waren die Bassfijuren, die ick jeden Abend jespielt habe: ›Hong-kong, Ams-ter-dam, Hong-Kong-Ams-ter-dam …‹«

Wenn einer mit Nachnamen Gott heißt, ist er anderen gegenüber im Vorteil. Das schafft Neider und gibt Trittbrettfahrern Auftrieb und Motiv. Doch ließ Karel Gott stets Wohlwollen und Großzügigkeit walten. Selbst als sich ein gewisser Karol Wojtyła zum Stellvertreter Gottes auf Erden ernannte, ließ Karel Gott ihn gewähren, fand sogar Gefallen an den Kapriolen der polnisch-päpstlichen Reisekartoffel und sparte nicht mit Lob: » Wojtyła ist einer meiner Lieblingskollegen!«, verkündete Karel Gott. »Sein Rollbahnabküssen ist phantastisch! Das ist ein Riesen-Entertainer! Wirklich groß! Erste Sahne! Champions League!« Es ist wohl auch sein besonderer Großmut den Kleinkünstlern dieser Welt gegenüber, die Karel Gott so sympathisch einnehmend macht.

Was von seinen frittierten Stimmbändern herabtropft, steht ohnehin außerhalb jeder Kritik – denn es stillt die Sehnsucht und erfüllt den Traum. In unserer gemeinsamen Frankfurter *Titanic*-Zeit zu Beginn der 1990er Jahre haben der Zeichner Heribert Lenz und ich das nicht selten gemeinsam angestimmt: »Einmal um die ganze Welt, und die Taschen voller Geld… davon hab' ich schon als kleiner Bupp geträumt…«

Ein »Bupp« ist Karel Gott geblieben, und ein »Bupp« wird er bleiben und sein, auch in 700 Jahren noch.

Auch mal länger liegen bleiben

Ein Gespräch mit der Arbeit

»Arbeit!« Laut und vernehmlich, ernst und bedeutungsvoll, mahnend, eindringlich und dramatisch im Ton schallt es scharf durchs Land: »Abait!« respektive »Arrbeiit!« Ohne Arbeit, so scheint es, geht nichts, ohne sie ist der Mensch nicht am Leben und erst recht nichts wert. Alle scheinen sie zu brauchen, sie zu wollen und nahezu bedingungslos nach ihr zu verlangen, doch sie, die Arbeit, macht sich mitunter rar. Mancherorts ist sie sogar verschwunden, gilt als verschollen und hat legendäre Züge angenommen: Weißt du noch, damals, die Arbeit…?

Im Fernsehen, das zugleich Ventilator des Substanzlosen wie Präservativ des Wesentlichen ist, wird Arbeit abgebildet, indem hin und wieder eine Vertreterin des Proletariats oder ein Vertreter des Prekariats auf das sogenannte Problemsofa einer politisch gemeinten Talkshow gesetzt wird und dort all das äußert, was man den Insassen des Landes jahrzehntelang angezüchtet, antrainiert und eingetrichtert hat: »Arbeit ist nun einmal der größte Wert. Arbeit ist das höchste Gut.« Und alles nickt beflissen zum Beweise, dass der Mensch eben auch die traurige Folge einer erfolgreichen Gehirnwäsche sein kann.

Ist Arbeit tatsächlich so bedeutsam? Adelt sie? Ich möchte das genau wissen und suche sie auf. Das Credo der Selbstsatten – »Wer Arbeit sucht, der findet auch welche!« – stimmt ausnahmsweise einmal: Ich finde die Arbeit, in einem Café. Bei der Arbeit handelt es sich um eine ältere Dame, der man ihre vielfältige Erfahrung ansieht. Zwar hat sie gerade Pause, doch sie gestattet mir freundlich, ihr ein paar Fragen zu stellen und antwortet geduldig und präzise.

Ob der Wind, der um sie herum gemacht wird, ihr schmeichle, frage ich sie. Ihr Lächeln ist ein wenig müde. »Nein«, sagt sie. »Das Geschrei lenkt nur vom Kern der Dinge ab. Ich bin doch nicht immer gleich. Und deshalb auch nicht immer gleich gut.«

Sie sieht aus, als ob sie jetzt gern rauchen würde, eine starke, filterlose Zigarette, so eine Arbeiter- und Malocherfluppe: Overstolz, Eckstein, Gitane, Gauloise, Karo oder Navy Cut. Aber das Rauchen ist untersagt, auch ihr, der Arbeit – obwohl es ohne sie gar keine Zigaretten gäbe.

»Ich möchte schon gefragt werden«, fährt sie fort. »Wenn jemand mich will, dann ist das doch etwas Persönliches. Dann muss der schon sagen können: ›Das ist eine schöne Arbeit.‹ Da muss Leidenschaft im Spiel sein, Freude, Lust, Energie. Oder wenigstens Freundlichkeit: Wenn einer sagt, ›das ist eine gute Arbeit‹, hüpft mein Herz zwar nicht gerade jauchzend in die Höhe, aber ich komme damit zurecht.«

Ihr Lächeln wird munterer, etwas spitzbübisch sogar. »Manche sind richtig drollig«, kichert sie. »Die sagen dann: ›Das ist eine sinnvolle Arbeit.‹« Sie lehnt sich zurück. »Das ist ja nicht gerade ein Kompliment.« Sie schüttelt den Kopf: »Nee, sinnvoll bin ich eigentlich nicht. Jedenfalls nicht, wenn man lange genug darüber nachdenkt.«

Das tut sie dann anscheinend auch und schweigt, und ich hänge gleichfalls ihren Worten nach. Unvermittelt setzt sie neu an: »Wenn ich mal wieder verteilt und unters Volk geworfen werde, interessiert doch nur, ob an mir genug dran ist für alle. Und wer das größte Stück bekommt. Aber niemand fragt sich: ›Kann ich die überhaupt? Bin ich dieser Arbeit gewachsen?‹ Und auf den Gedanken, dass ich vielleicht nicht von jedem erledigt werden möchte, kommt sowieso kein Mensch.«

Sie lacht und wirft den Kopf zurück. »Ich lasse mir ja eine Menge gefallen. Aber ich möchte einfach nicht von einem Nichtskönner gemacht werden. Oder von einem Rohling und Stümper zack-zack absolviert. Und wenn die dann auch noch die Praktikanten an mich dran lassen – whuaaah ...!« Sie schüttelt sich.

»Die Arbeit und derjenige, der sie tut, also ich und der andere – das ist doch etwas Inniges.« Ihre Stimme gerät in Rage: »Aber das ist vorbei. Was heutzutage alles Arbeit genannt wird, ist der blanke Hohn. Sitzungshengste reden von Arbeit, also von mir. Dabei bin ich gar nicht dabei! Da sitzen Simulanten vor Simulantinnen. Die Mädels tun so, als wären sie Arbeit. Und die Jungs mit den Krawatten und Computern tun so, als ob sie die Arbeit machen. Mit mir hat das nichts zu tun.«

Sie blickt auf die Uhr und sagt: »Ich muss los, Pause ist vorbei.« Was sie sich wünsche, frage ich sie noch. Sie sieht mich direkt an: »Gut gemacht werden. Merken, dass der andere Spaß daran hat. Ohne Stress, Druck und Verbissenheit. Und dann auch schön Feierabend haben. Und Wochenende. Und Ferien. Einfach mal liegenbleiben. Auch länger. Unerledigt bleiben. Das tut ja nicht nur mir gut.«

Blick und Ton sind heiter, sie meint es also ernst. »Manchmal habe ich sogar schon geträumt, ich würde zu Kurzarbeit erniedrigt. Oder zu Langzeitarbeitslosigkeit. Bah! Das wäre beides überhaupt nichts für mich. Aber meine Schwester, die Muße, ist viel schlimmer dran. Die ist nur am Jammern und Klagen. Die ist immer allein. Regelrecht einsam ist die, und dann ruft sie mich immerzu an. Sie hat ja sonst niemanden. Erst gestern Abend hat sie mich wieder zum Hörbrett gemacht und mich vollgeorgelt. Wenn es ihr schlecht geht, wird sie immer so grundsätzlich. Und belegt mich mit Texten wie ›Der Mensch vermag nicht, in freundlichem, aggressionslosem Nichtstun zu verharren; das ist der Kern seines Leidens – das er an andere weitergibt, damit die sein Elend teilen müssen.‹ Wahrscheinlich hat sie sogar Recht, aber das ist doch kein Leben. Ich glaube, die würde liebend gern mit mir tauschen.«

Sie verabschiedet sich von mir, ihre Hand ist warm und fest. »Ich will mich nicht beklagen; es ist ja angenehm, gefragt zu sein. Aber es wäre schon schön, wenn man nicht immer nach mir brüllte: ›Arbeit! Arbeit! Arbeit!‹ Dieses Angeherrschtwerden ist fürchterlich. Davon vergeht einem alles.«

Sie dreht sich um und geht; ich winke ihr nach und mache mich ebenfalls auf den Weg. Mir fällt ein Vierzeiler ein, den ich vor vielen Jahren für den Fußballspieler Andreas Möller schrieb:

> Schieß die Bälle in den Winkel,
> Schön berechnet auf ein Haarbreit.
> Lass dich niemals »Andi« nennen,
> Denn das klingt nach »An die Arbeit!«

Alles recht, der Herr?

Das Trommelfell ist das Tor zur Seele. Beide werden vielfältig malträtiert; selbst eine eigentlich erfreuliche oder immerhin harmlose Sache wie ein Besuch im Restaurant oder eine Übernachtung im Hotel kann sich zur akustischen Tortur auswachsen, und das sogar ganz ohne Musikbeschallung oder anderen Lärm. »Sehr gern!«, sagt die junge Rezeptionistin drei Mal in dreißig Sekunden. Um zu zeigen, dass sich ihr Wortschatz darin noch nicht erschöpft hat, sagt sie beim vierten Mal: »Sehr gern, der Herr!« – in diesem angelernten, vollautomatischen Ton, der Beflissenheit mit knackendem Übereifer und simulierte Herzlichkeit mit Unterwürfigkeit mischt und der sich überall breitmacht, wo es um Dienstleistung respektive um *Service* geht.

»Alles recht, der Herr?«, fragt der junge Kellner wieder und wieder beim Essen; ich nicke, äußerlich freundlich lächelnd, innerlich deprimiert. Warum so devot? Wer bringt euch das bei?, frage ich mich stumm – und sehe, wie es am Nebentisch sogar noch ärger zugeht. Ein Gast bittet um Zigaretten, bekommt sie vom Kellner gebracht, der das Cellophan und das Stanniolpapier entfernt und die Schachtel öffnet. »Vielen Dank«, sagt der Gast; der Kellner antwortet: »*Ich* habe zu danken.« Der Gast sieht ihn an, sein Gesicht ein Spiegel seiner Pein; leise und hörbar schaumgebremst gibt er zurück: »Bitte bedanken Sie sich nicht auch noch bei mir, wenn Sie mir Zigaretten holen. Das ist doch absurd!« Er steht auf, nimmt seine Kippen und eilt nach draußen, um seine von der Kellnerservilität zerrütteten Nerven mit etwas Nikotin zu besänftigen.

»Sehr wohl, der Herr«, »Alles recht, der Herr«, »Sehr gern, der Herr« – die Domestikensprache verrät, dass es wieder Herren gibt. In der Unterwürfigkeit des Dieners spiegelt sich die demonstrative Überlegenheitsbehauptung des Herrn. Auf beides kann ich verzichten, im dem Fall sogar: sehr gern. Gerade wer Höflichkeit zu schätzen weiß, verabscheut jede Form von Kriecherei. Unter Freien, Gleichen und Unabhängigen möchte ich leben, die einander nicht mit aufgesetztem »Ey Alter, Respect, ey!« begegnen, sondern, im Gegenteil, mit Höflichkeit und Humor.

Nicht wenige Deutsche halten Höflichkeit für Heuchelei und beschweren sich über gute Umgangsformen, mit denen sie gelegentlich im Ausland konfrontiert werden: »Die tun so freundlich, aber das ist nur oberflächlich.« Der gemeine Germane zieht Grobheit vor und adelt sie als Ausdruck von Ehrlichkeit. Kehrseite dieser Grobheit ist das Lakaientum, das an Personalschulen offenbar wieder gelehrt wird und das im nichtssagenden, aber eben tendenziell schleimigen »Bitte recht sehr!« seinen Ausdruck findet. Die Rhetorik verrät nicht nur Rückgratverkrümmung, sondern auch anerzogene Beschränktheit. Fragt man »Sehr gern, der Herr!« von sich gebende Rezeptionisten nach einem guten Schuster oder Schneider in der Nähe ihres Hotels, müssen sie passen.

Wer zu Gast ist, wünscht sich Gastfreundlichkeit, also Aufmerksamkeit und ungezwungene Lässigkeit in einem schönen Ebenmaß. Das zackige »Alles recht, der Herr?« impliziert dagegen ja auch die bange Frage: Und was, wenn nicht? Wird man dann des Lokals verwiesen? Oder gehauen? Die Sprache der Unterwürfigkeit ist nicht nur unwürdig für den, der sie spricht; sie ist auch eine Qual für den, der sie hört.

Von phallisch fall isch doch nisch um

Einiges über den Spargel

Für diese Geschichte habe ich griechische und peruanische Spargeln recherchegegessen. Das Beste daran war der Auffund beziehungsweise der Zuflug des Wortes »recherchegegessen«, das es immerhin auf sechs »e« in siebzehn Buchstaben bringt. Ansonsten aber muss ich vom Verzehr importierter Spargelstangen abraten; er ist keine lohnende, sondern eine fade, labbrige und wässrige Angelegenheit.

Sinnlos ist es, gegen das erste und oberste Spargelgesetz zu verstoßen, das da lautet: Spargelzeit ist von Mitte April bis zum Johannistag, dem 24. Juni; vorher und nachher gildet nicht. Ein Subtext ist diesem Gesetz nicht hinzuzufügen; es ist gültig und basta. Asparagus, der hervorbrechende Spross, wird nur zu dieser Zeit zu sich genommen – und den Rest des Jahres jenen Spargeltarzanen und *B.Z.*-Berlinern überlassen, die ihren Fernsehturm angeblich »Telesparjel« nennen.

Der deutsche Spargel, und nur der ist essbar, ist weiß, mit Stichen und Ausflügen ins Gelbe, Grüne und Blau-Lila-Violette. Er ist, dem Penis anverwandt, phallisch, erotisch und also potentiell begeisternd – ein Frühlingsgemüse eben, das die Säfte steigen lässt. Einem Saft allerdings ist der Spargel reines Gift: Dem Urin ist der Spargel Ruin. Den macht er zur strengen, fiesen Miefmiege, und nur Ahnungslose oder Körperinnenlebenputzwütige phantasieren angeruchs dessen begeistert von

»Entschlackung«. Als Joachim Ringelnatz sein Gedicht »Pipi« schrieb, war mit Sicherheit keine Spargelzeit:

> Es drängt mich, dein Pipi zu trinken
> Und sieh, nun trinke ich bereits.
> O welch Genuss bei deinem Beinespreiz,
> O wie die Wasser hurtig blinken.
> Ich möchte ganz darin versinken.
> – Es ist nics4ht wahr, dass deine Wasser stinken. –
> Nun hörst du auf? O pfui, welch Geiz!

Spargel ist, auch im unangenehmen Sinn, ein deutsches Gemüse. Ernten und stechen lässt der deutsche Bauer den Spargel von polnischen Kräften. Bei den Worten »polnische Spargelstecherin« geht mesanchem Deutschen die alte Gutsherrnhose auf; allerdings nur solchen Exemplaren, die über veritablen Prachtspargel dort selbst nicht verfügen. All diese seien mit Sauce Hollandaise der Sorte »Tetra-Pak schlägt sich, Tetra-Pak verträgt sich« hinreichend und verdient bedient.

Kundigere Spargelisten indes verzichten nicht nur auf das kunstspermatöse Gesoße, sondern auch auf das allzu häufig zum Spargel offerierte Wiener Schnitzel oder den alternativ und kaum minder chronisch angebotenen Schinken. Spargel und Kartoffeln, Salz und Butter, das ist die reine Lehre. Wer mehr will, will zuwenig.

Wobei die Kartoffel ihrerseits auch schon wieder stark ins Polnische herüberlappt. Der im April 2010 zu Tode gestürzte polnische Präsident Lech Kaczyński wurde im Frühsommer 2006 vom Göttinger Autor Peter Köhler als »Polens neue Kartoffel« bezeichnet; was der katholische Antisemit und Miesnickel Kaczyński mit den Worten quittierte, hier handele es sich um »Stürmer-Stil«. »Ekelhaft und gemein« fand Kaczyński den Kartoffel-Vergleich auch noch – obwohl er die freundlichstmögliche unter den Ehrerbietungen war, die man Lech Kaczyński hätte zollen können. Dankbar aber reagierte der Präsident keineswegs, sondern empörungsaufgepumpt und selbstverkennend heuchlerisch durchlogen; auf plattdüütsch nennt man das: kathoolsch.

Doch das sind, vergleichsweise, Petitessen. –
Wir wollen nun endlich Spargel essen.

Wenn der Akzent im Piment zu sehr brennt

Fug und Unfug mit Lebensmitteln

Nahrungsmittel sind ein Quell der Inspiration für Hersteller anderer Lebensmittel. René Goscinny, der gemeinsam mit dem Zeichner Jean-Jacques Sempé den »Petit Nicolas« schuf, den »Kleinen Nick«, wie er auf deutsch heißt, wusste eine Menge Komisches zu erzählen über notorisch Brötchen vertilgende, bewusstlos Schokolade in den Brummkopf sich hineinsteckende Heranwachsende, die, ihrer Taille verlustig gegangen, unter Gewichtsreduktionszwang stehen und leiden. Goscinnys auch für seinen eigenen Leib geltendes Urteil über Männer auf Diät fällt eindeutig aus: »Männer schummeln. Alle.«

Goscinny erfand noch andere weltberühmt gewordene Figuren: Mit dem Zeichner Albert Uderzo brachte er »Asterix« zur Welt, und auch in dieser Fortsetzungsserie spielte die Kulinarik keine geringe Rolle. Über ein britisches Wildschwein in Pfefferminzsauce stöhnt Obelix: »... gekocht und dazu noch mit Pfefferminzsauce ... Das arme Schwein!«

In »Asterix auf Korsika« lässt Goscinny einen exilkorsischen Wirt namens Panschnix zu seiner Frau sagen: »Reseda, bring Wein und Wurst, aber nicht von dem Zeug für Gäste.« – »Nicht von dem Zeug für Gäste«: In diesen sechs Worten ist alles Leid zusammengefasst, das Restaurantbesuchern je angetan wurde von Köchen, die ihr Publikum, aus welchen schlechten Gründen auch immer, nur noch gering schätzen oder sogar verachten.

Auch in der höher als das Comic-Genre estimierten Filmkunst spielt das Essen eine große symbolische Rolle. 1967 verfilmte Luis Buñuel den Roman »Belle de Jour« von Joseph Kessel, mit Catherine Deneuve in der Titelrolle. In einer Schlüsselszene, einer Traumsequenz, sitzen ihr Ehemann, gespielt von Jean Sorel, und ihr Liebhaber, krude gegeben von Michel Piccoli, als Gauchos kostümiert in einer rinderbevölkerten Pampa. Es entspinnt sich folgender Dialog: »Ist die Suppe heiß?« – »Sie ist eiskalt. Ich bringe es einfach nicht fertig, sie warm zu kriegen.« – »Gibt man Stieren eigentlich auch Namen, so wie Katzen?« – »Ja, sicher. Die meisten heißen Gewissensbiss. Bis auf den letzten. Der heißt Sühne.«

Es empfiehlt sich also, »die Suppe warm zu kriegen«; das hat sich gut 40 Jahre nach »Belle de Jour« auch die Firma Davidoff gedacht, die ihr Herrenparfum namens »Hot Water« wörtlich so bewirbt: »Mit der neuen Linie ›Hot Water‹ von Davidoff feiern starke Männer ihren selbstbewussten Auftritt. Der Duft, kreiert von den Parfumeuren Olivier Polge und Domitille Bertier, dominiert in seiner Kopfnote durch eine würzige Mischung aus rotem Basilikum, Absinth und Wermut. In der Herznote setzt Piment brennende Akzente. Der Fond erhält durch Siam-Benzoeharz eine ultramännliche Note und versprüht so eine angenehme Dosis an Sex-Appeal.«

»Ultramännlich«? Was ist das? Ungewaschen? Wo so anrüchig und anzüglich von Parfumeuren gesprochen wird, denkt man eher an Parfum-Möhren, die nach heftigem Absinth- und Wermut-Abusus im Fond ihres Wagens dann allerlei Harziges kreieren, wenn nicht kreiern: den accent im Pillèrman, heißer Bauer, aua!

Wo aber der Piment im Akzent zu sehr brennt, da spendet abermals René Goscinny komischen Trost. Goscinny textete auch für die Comic-Serie »Lucky Luke« des Zeichners Morris – und schrieb im Band »Tortillas für die Daltons« einen unsterblichen Dialog: Der chronisch hungrige Bandit Averell Dalton sitzt beim Essen und fragt, begeistert löffelnd und knurpsend, seinen Gastgeber, einen mexikanischen Desperado, bei dem die Dalton-Bande untergekrochen ist: »Wie nennt sich die köstliche Kruste hier um die Frijoles?« Der Mexikaner antwortet ungerührt: »Die nennt sich Tonschüsselchen, Amigo.«

Ein irischer Vulkan

Raucher-Ralle von TOM
Eine Laudatio

Zu seinem 50. Geburtstag am 30. Januar 2010 bekam der Berliner Zeichner TOM eine ganz besondere Mitgift: Die CARICATURA, Galerie für komische Kunst in Kassel, hatte lyrisch beschlossen: Schenk mal / 'n Denkmal! TOM brauche nur den Entwurf zu liefern, die CARICATURA werde dann das Denkmal vom Bildhauer Siegfried Böttcher bauen lassen und auf dem Dach des Kasseler Hauptbahnhofs aufstellen – neben dem dort bereits stehenden peterhacks'schen Försterballbären, den Böttcher 2008 nach Motiven von Walter Schmögner fertigte.

Und was tat TOM? Verewigte er sich selbst? Ließ er sich etwa überlebensgroß in Speckstein meißeln? O nein! Der Grundsympath entschied sich dafür, einer seiner Figuren ein Denkmal zu setzen: dem RaucherRalle alias Ralf Sotscheck, Irland-und Großbritannien-Korrespondent und wie TOM auch für die *taz* tätig.

RaucherRalle gehört zum Universum des Zeichners Thomas Körner, der seit 1991 unter dem Namen TOM mit seinen »Touché«-Comics das Publikum begeistert. In »Touché« erzählt TOM die Welt in drei Bildern, »Eins, zwei, drei« eben, und so rasant auf den Punkt gebracht wie in Billy Wilders gleichnamiger brillanter Komödie sind seine kurzen Bild-Text-Geschichten; das geht nur mit einem Gespür für exaktes Timing. Sechsmal in der Woche ist ein neues »Touché« von TOM auf der Wahrheitseite der *taz* zu sehen, und das seit beinahe 20 Jahren und in nicht nachlassender Qualität; allein diese enorme Schlagzahl ist schon einmalig.

Bevölkert werden TOMs Bilder von hartnäckig penetranten *Wachturm*-Anbieterinnen, reizenden Teufeln, einem Bademeister von der DLRG – die nahezu jedermann seltsamerweise »De Er La Ge« ausspricht –, einem Spinnweben ansetzenden Schalterbeamten bei der Post und seiner ihn vernatzenden Kundin; sogar eine Baumumarmerin ist mit an Bord. Für gewöhnlich ist TOMs Spott von milder, gutmütiger Art; wenn allerdings ihren Kot aufs Trottoir drückende Kötertölen mitsamt ihren Besitzern ins Spiel kommen, kann TOM seinen Humor durchaus forcieren.

TOM als den Herrn der Nasen zu bezeichnen, ist nicht übertrieben; auch seinem RaucherRalle verpasst er eine prachtvolle Gesichtsgurke. Der naiv-verdutzte Gesichtsausdruck RaucherRalles allerdings ist streng nach der Natur gearbeitet; mit genau dieser staunend-belämmerten Unschuldsmiene à la »Wie? Was? Iiich? Niemals! Ich hab doch gar nichts gemacht!« lugt Ralf Sotscheck in die Welt hinein, wenn er bei einem jener Streiche ertappt wird, die er als Mann von Mitte 50 dennoch in jugendlich-ungestümer, Max-und-Moritz'scher Manier auszuhecken nicht müde wird. Handkehrum ist RaucherRalle stets bereit, sich vom Leben mit gleicher Münze zurückzahlen zu lassen und versteht es, jene Sorte Patzer und Katastrophen zu fabrizieren, ohne die das Leben unerträglich ernst wäre. Wenn RaucherRalle in einem TOM-Cartoon für einen isländischen Vulkan gehalten und mit einem Feuerlöscher traktiert wird, ist das komische Kunst – und doch von der Lebenswirklichkeit Ralf Sotschecks nur wenig entfernt.

Deshalb ist es ein ganz besonderer Akt der Humanität, dass TOM aus dem großen Fundus seiner Figuren ausgerechnet RaucherRalle als denkmaltauglich auswählte. RaucherRalle ist, wie sein Vorbild im Leben, bekennender Labilist und Süchtel. Wer wäre er, einer Versuchung zu widerstehen? Traditionell gelten kruppstahlharte, offensive und bestimmende Charaktere als Helden und Supermänner; RaucherRalle aber ist ein Held der wirklichen Wirklichkeit, ein Primus inter pares der menschlichen Schwächen, einer, der Missgeschick um Missgeschick erleidet stellvertretend auch für alle, die gleich ihm den Verlockungen, Wonnen und Qualen erliegen, die ihre eigene chronische Nachgiebigkeit mit sich bringt oder nach sich zieht. Da wir uns mitten im christlich geprägten Abendland befinden, wäre es Blindheit, in RaucherRalle nicht zu sehen, was er ist: der ungekreuzigte Jesus der Rauchenden.

TOMs RaucherRalle, das allerdings macht einen Unterschied zu allen Kruzifixen dieser Welt, ragt prall wie ausgebraten und widerlegt eindrucksvoll die Anti-Raucher-Hetze der 70er Jahre, die ein Skelett mit der Unterschrift »Rauchen macht schlank« zeigte. Auch heutigen Denunziationen von Rauchenden tritt RaucherRalle kraftvoll entgegen. In TOMs Denkmal sehen wir ihn in einem Aschenbecher stehen, dessen Aufschrift »Fluctuat nec mergitur« lautet. So steht es im Stadtwappen von Paris. »Von den Wogen geschüttelt, wird es doch nicht untergehen«, oder, weniger blumig übersetzt: »Sie mag schwanken, aber sie geht nicht unter«. Was für die Stadt Paris Gesetz ist, gilt nicht minder eben auch für RaucherRalle: Die Hand mit der Zigarette mag zittern, doch sie schafft es bis zu den Lippen. Immer.

RaucherRalle gibt den Rauchern im Land Namen, Gestalt und Gesicht. Lebensgroß und weithin sichtbar steht RaucherRalle über den Dächern von Kassel – und reckt, wie Hermann der Cherusker im Hermannsdenkmal, sein Schwert, eine glühende Zigarette in den Himmel!

(Der Hinweis auf das Hermannsdenkmal bei Detmold und damit auf seinen Erbauer Ernst von Bandel ist eine bloße Finte – die nur zeigen soll, wie leicht man in ästhetische und politische Fallen tappen kann. Ernst von Bandel war ein Deutschnationaler, der gemeinsam mit Hans

Ferdinand Maßmann einen deutschen Turnerverein gründete. Maßmann war im doppelten Wortsinn Germanist; im Zusammenhang mit dem Wartburgfest im Jahr 1817 war er maßgeblich an der Verbrennung mehrerer Dutzend als antinational oder »undeutsch« eingestufter Bücher beteiligt. Ernst von Bandels Hermannsdenkmal ist Ausdruck derselben Geistesgetrübtheit, und wie Heinrich Heine Spottverse auf Maßmann dichtete, so gilt es, bis heute, das Hermannsdenkmal der verdienten Lächerlichkeit preiszugeben.)

TOMs RaucherRalle-Denkmal hat mit der germanischen Heldenfigur Hermann also rein gar nichts zu tun – aber vieles, wenn nicht alles mit der Freiheitsstatue: Es ist die Glut der Freiheit, die heimleuchtet, ein Leuchtfeuer im Runkeldunkel der Welt, ein Fixpunkt für alle, die in die Irre zu gehen drohen in allgemeiner Umnachtung und Kleingläubigkeit. Denn siehe – die Glut an der Spitze des RaucherRalle-Denkmals ist beleuchtet. Und zwar elektrisch!

Ursprünglich war sogar geplant, von dieser Glut auch Rauch aufsteigen zu lassen, doch der Vatikan protestierte und pochte auf sein Rauchaufsteigemonopol in der Sixtinischen Kapelle. Gläubische, so behaupteten die Anwälte der Berufskatholiken, hätten sonst irrenderweise annehmen können, in Kassel werde jeden Tag ein verstorbener Papst gegen einen frischeren ausgetauscht. Diese Vorstellung wäre natürlich zu schön gewesen, eine solche Freude gestehen die vatikanischen Miesnickel der Menschheit nicht zu.

Insgesamt drei Meter zehn hoch ist TOMs RaucherRalle-Denkmal; zu sehen ist also kein verschämtes Grabmal eines unbekannten Rauchers, hier wird nicht eines heimlich und anonym verscharrten Zichtenknechtes gedacht, hier wird ein rauchender Mann in seinen besten (oder zumindest doch zweitbesten) Jahren geehrt. Wer aber ist dieser Mann, der Pate und Modell steht für TOMs RaucherRalle?

Immerhin einer, der längere Zeit seinen Kollegen, seinen Freunden, seinen Kindern, sogar seiner Frau und vor allem aber sich selbst vorzumachen versuchte, er sei Nichtraucher – oder doch wenigsten quasi so gut wie Nichtraucher, wenigstens ab morgen oder demnächst, jedenfalls schon sehr bald. Dieses Gebaren löste allerlei Heiterkeit aus, und so sah sich Ralf Sotscheck irgendwann gezwungen, sein durchsichtiges Spiel aufzugeben. Seitdem raucht er wieder ganz offiziell und begrüßenswert heucheleifrei – und lässt sich das etwas kosten: 8 Euro 55 zahlt er in Irland für eine Schachtel Zigaretten, also knapp 43 Cent pro Lulle.

Wäre es nicht klug, gerecht und auch angemessen, wenn man hochaggressive Nichtrauchertalibane, die wegen ein paar Fluppen asoziale Bürgerkriege anzetteln und zuvor halbwegs friedliche Weltbewohner gegeneinander aufhetzen und ausspielen, wenn man also beispielsweise einen bayerischen Nichtraucherstreber, der sonst nichts kann noch gelernt hat, dazu zwönge, in Irland das Kettenrauchen zu erlernen? Mit Ralf Sotscheck als Privatlehrer? Und auf diese Weise verhinderte, dass Privatangelegenheiten wie Rauchen oder Religion öffentlich ausgetragen und zu Aggressionsfeldern aufgebauscht werden?

Realistischer scheint allerdings die Erwartung von Nichtraucherprotestwallfahrten nach Kassel, organisiert und durchgeführt von Leuten, die es für das größte Glück erachten, dereinst auf einem Nichtraucherfriedhof bestattet zu werden, als etwas Besseres, weil Nichtrauchendes. Es sei ihnen gegönnt.

Von großer Trostkraft ist, dass die erniedrigten und geschlagenen Raucher des Landes sich ab sofort unter einem Raucherdenkmal versammeln können – und dafür in Kassel aussteigen, um, ihrerseits rauchend, TOMs RaucherRalle zu huldigen. Es wird nicht bei einheimischem Zustrom bleiben; Rauchersonderzüge aus ganz Europa werden unter Dampf gehen und Raucherpilger nach Kassel bringen, ins Mekka der Vernunft. Denn nur dort, wo nicht über Rauchen oder Nichtrauchen herumgezetert wird, kann substantiell diskutiert und debattiert werden. Wer sein Gehirn mit Rauchverbotsbegehren vom Arbeiten ablenkt, versenkt es im Nirwana der Lappalien und macht sich auf diese Weise erstrecht fanatismustauglich. Während TOMs RaucherRalle als Mahnmal der geistigen und gesellschaftlichen Großmut aufscheint und erstrahlt.

Kassel kann stolz sein auf das erste Raucherdenkmal, auf TOMs RaucherRalle – dessen Schicksal als Mensch und Kunstfigur eine Menschheitsfrage aufwirft: Sind wir noch Modell oder nicht längst schon Kreatur?

Fußball, die Sprache aus Leder

»Endlich wieder Emotionen!«, dröhnt der Radiosprecher – seine Worte sind eine unverhohlene Drohung. Die Fußballweltmeisterschaft 2010 hatte noch nicht begonnen, doch die sprachliche Aufrüstung war bereits vollzogen. »Es gibt Wichtigeres als Fußball – aber nicht jetzt!« verkündete kategorisch nicht irgendein privater Ballerbudensender, sondern das *rbb-Inforadio*. Und verurteilte seine Hörer in der Diktion eines Richterspruchs zu vier Wochen Dauerfußbeballung und -beschallung.

Die Berliner Stadtillustrierte *zitty* ging noch ein bisschen weiter und verlangte von ihren Lesern: »Jubeln wir gemeinsam!« Der verbale Übergriff schnitt ein; worüber einer sich freuen möchte und worüber nicht, ist eine private Angelegenheit und kann – außerhalb von Diktaturen – nicht befohlen werden. Gibt es nicht das Recht darauf, von solchen Pöbeleien und Anordnungen unbehelligt zu bleiben?

Nein. Dieses Recht, um es mit einer so modischen wie ganz besonders selbst- und geschichtsvergessenen Journalistenphrase zu sagen, »war gestern«. Es gibt vielmehr, jedenfalls laut *zitty*, »das Recht auf Fußballgucken«. Eine Unternehmerin, die in ihrem Strandlokal gegen Eintrittsgeld Fußballspiele zeigen wollte, wurde als Freiheitsheldin gefeiert, die »für das Recht auf Ausstrahlung der WM kämpft«, als ob das in irgendeiner Form notwendig wäre. Schimmliges Brot und Zwangsspiele werden in den Rang von Menschenrechten erhoben. Garantiert die Verfassung ein Grundrecht auf öffentliche Massenbesäufnisse? Man müsste direkt mal nachschauen.

Was den Fußball unappetitlich aufdringlich und belästigend macht, ist nicht der Fußball selbst. Fußball kann ein begeisterndes Spiel sein, bei dem man beglückt zusieht und das nicht autistisch alleine tun möchte, sondern lieber mit Freunden. Man kann Fußballspiele zum Anlass nehmen für lustige private Tischgesellschaften; wenn die Mannschaften Argentiniens und Englands aufeinandertreffen, braten die Fans der Argentinier riesige, haarige Steaks und kredenzen vortrefflichen Rotwein, während die Fans des englischen Teams gebackene Bohnen kalt aus der Dose servieren und sie mit lauwarmem Bier herunterschlabbern.

Elendiglich am Fußball ist die Sprache, in der er präsentiert wird. Sie ist schon im Grundton LAUT – und wird dann ins Geschrei gesteigert. Wenn eigene und fremde menschliche Trommelfelle durchkrakeelt werden, gilt das Schreihälsen wie Mitschreiern als Beweis ihrer Gefühlsechtheit und -stärke. Das allerdings ist eine Verabredung zum kollektiven Irrtum, aus dem leicht kollektiver Irrsinn erwächst. Gebrüll ist nicht Ausdruck von Gefühl, sondern Ausdruck von Gebrüll.

Beschrieene wissen das. Wo gebrüllt wird, muss die Phonstärke die Sprache und den Geist ersetzen. Das Vokabular, mit dem ein Fußballmoderator – oder, so das möglich ist, noch geistverlassener, ein »Fußballexperte« – über die Runden kommt, erwirbt ein durchschnittlich begabtes Kind in zwei Grundschuljahren. Und so kann schon ein den Fußball an sich mögender und praktizierender Achtjähriger zu Tode gelangweilt werden von erwachsenen Nullquakis, die mit erschütternd armseligen Äußerungen wie »Das Runde muss ins Eckige« oder »Drin! Drin!! Er ist drin!!!« andere nicht zum Lachen, sondern erstaunlicherweise zum Nach- und Mitschreien reizen.

Sprache erduldet viel, vielleicht sogar alles – in jedem Fall aber mehr als derjenige, der sie liebt, und der deshalb nicht dabei zusehen und -hören möchte, wie sie zur

Komplizin von beschränkten Brüllos zwangsprostituiert und als Instrument von Propaganda und Gleichschaltung missbraucht wird. Vom 11. Juni bis zum 11. Juli 2010 gebärdeten sich die Insassen des Landes noch schwarzrotgoldener, vulgo noch lauter, dümmer und sprachloser, als sie das sonst ohnehin schon tun.

Der Strafraum

Nachruf auf den Fußballtorhüter Oliver Kahn

Er stand im Tor, im Tor, im Tor – was war dahinter? Viele Fußballspieler kann man in dem kurzen Satz »Dumm kickt gut« angemessen und komplett zusammenfassen; für Oliver Kahn aber gilt das nicht. Oliver Kahn steht in der Tradition tiefen deutschen Denkens. Ein »Ecce homo!« ausrufender Nietzscheanischer Übermensch könnte er sein, und das, worüber Schopenhauer bloß schrieb – »Die Welt als Wille und Vorstellung« –, wurde von Oliver Kahn zumindest als Wahnvorstellung gelebt. Kahns Beispiel zeigt, dass man der Welt seinen Willen zum Sieg ebenso aufzwingen kann wie die Vorstellung, die man sich von sich selbst macht. Nur wer als permanenten Superlativ sich entwirft, kann so etwas auch werden.

Kahn jedenfalls gelang es zumindest medial. »Titan« wurde er genannt und »King Kahn«, gottähnliche Verehrung wurde ihm zuteil. Warum? Weltklassetorhüter gab es in der Geschichte einige, aber allein bei Oliver Kahn wurde diese Klasse stets aus der Tiefe seines existentiellen Raumes begründet: Hier agierte ein Gehetzter, ein manisch Getriebener, der sich wie eine wagnerianische Heldengestalt inszenierte, und das in kurzen Hosen.

Große Oper bot Kahn auch im Ausmaß der Verhöhnung und Verspottung, die ihm widerfuhren. Von Ehrgeiz zerfleddert sei er, hieß es, krankhaft überambitioniert und animalisch verbissen. Machte er Fehler, wurde genüsslich gelästert: Ehrgeiz sei, nach Oscar Wilde, nun einmal die letzte Zuflucht der Versager. Mit Bananen wurde Kahn beworfen im Stadion, »Uh-Uh-Uh!«-Rufe erklangen: Zum Affen wollte man ihn erklären und zum Köter. Berti Vogts hatte man einen »Terrier« genannt; Kahn wurde als »Bullterrier« dämonisiert, als »genmanipulierter Mastino«, der sich offenbar von rohem Fleisch ernähre, das er sich nötigenfalls auch selbst reiße.

Anlässe für solche Reden bot er allerdings einige: Einen Gegenspieler biss er, in einen anderen sprang er hinein wie eine todbringende Kartätsche; eigene Mannschaftskollegen griff er wutentbrannt an und brüllte sie zusammen, die Halsadern auf Gartenschlauchstärke angeschwollen. Angst und Schrecken verbreitete er; wer sich vor Oliver Kahns Tor wagte, begab sich in Gefahr. Oliver Kahn fasste das Wort Strafraum wörtlich auf.

Der mahlende Kiefer, der finstere Blick, die körpersprachlich demonstrativ ausgestellte Bereitschaft zur Aggression unterstrichen noch den Eindruck rüder, atavistischer Männlichkeit. Wie hätte ein aus dem Kampfschweiß von Oliver Kahn destilliertes Parfüm heißen müssen? »Cojones de Léon«, Löwenklöten? – »Androgyne« jedenfalls nicht.

Kahn war physisch ganz Mann; in Zeiten, in denen sogar James-Bond-Darsteller Männlichkeit nur mit überdeutlichen und augenzwinkernden Ironiesignalen zeigen dürfen, war er vielleicht sogar »der letzte Mann« – wie einst Emil Jannings in Fritz Murnaus gleichnamigem Film. Jedenfalls haftet Kahn nichts von der grienend gelackten, erfolgsschnäuzelnden Medienomnipenetranz Beckenbauers an, und das Gerede vom Motivationstraining für sensible Fußballerseelen betrachtete Kahn als das, was es ist: aufgeblasene Esoterik aus Köln oder Kalifornien. Kahn war immer brodelnd motiviert. Ein Liter Spenderblut von Oliver Kahn, sagt man, bringe einhundert Sieche wieder auf die Beine.

Es kommt der Starke nicht durch den Starken zu Fall, sondern durch das trittbrettfahrende, freundlichtuerisch sich anschleichende Schwache. Als der notorisch parasitäre Duzkumpler Waldemar Hartmann, allgemein und zu Recht nur »Der Waldi« genannt, weil er seine Gäste umschweift und anwedelt –, als also der Waldi in einer Fernsehsendung Oliver Kahn »den Olli« nannte: Da zerriss der Schleier, da stürzte der Koloss. Kein Titan mehr, kein Nietzsche, kein Schopenhauer, nur noch: der Olli. Und der Waldi grinste, wie das Niedrige eben grinst, wenn es ein Größeres zu sich herunterreißen kann.

Das Entscheidende an diesem Vorgang der Entzauberung aber war: Oliver Kahn, wohl nahezu als Einziger, bemerkte ihn nicht und widerstand also auch nicht. Er war von Stund an »der Olli«, und plötzlich erinnerte man sich wieder daran, wie häufig Kahn seine Versprechungen von Übergröße nicht hatte einlösen können. Kahn schrumpfte sichtlich, machte aber unbeirrt als Titanendenkmal weiter.

Dann trat er ab – und wurde, was bliebe einem wie ihm sonst, Medienmutant. Mögen ihm soviel Ruhe und Frieden beschieden sein, wie das Herumkernern eben hergibt.

Die Rückkehr
des Glücksbuddhas

Es war ein 3. Oktober nach Maß und Geschmack. Voller Aufregung, Spannung und Freude gestaltete sich ein Tag, der mit »Deutschland!« und dem nationalen Aufgalopp seiner Betreiber, Marketingfittis und Mitläufer, die mit der leeren Versprechung »Deutschland schafft sich ab« hausieren gingen und sich in Berlin in ihrer eigenen Trostlosigkeit wälzten, nichts zu tun hatte.

Früh entrann ich der Hauptstadt der Eventhascherei und erreichte zeitig Dortmund, in dem das aufdringliche schwarzrotgoldene Einheitsgewürge kein Thema war. Hier gab es statt hohler Festtagsreden ein pralles Fest: Der BVB spielte gegen Bayern München. Daran, dass es für die Dortmunder gut und glücklich ausgehen würde, hatte ich an diesem Tag keinen Zweifel.

Zwar hatte Klaus »Blutgrätsche« Bittermann, die alte Unke, kurz zuvor noch vom »Pech der Dortmunder« geningelt und mit einem »dann seh' ich schwarz« auf Ersatzkassenkassandra gemacht, musste seinen Vorsorgetrauerflor aber solo tragen. Der Himmel über Dortmund strahlte. »Uns scheint hier dermaßen die Sonne aus dem Arsch, da kriegt sogar das Wetter was ab«, sagte ein alter Bekannter auf dem Weg zum Spiel – dessen erste 45 Minuten allerdings irreführende Wirkung hatten: Die Bayern unterbanden das mitreißende Tempospiel, mit dem die Dortmunder 2010 glänzen und brachten selbst ein paar Großchancen zustande. Doch Mario Gomez versiebte oder scheiterte am Dortmunder Torwart Roman Weidenfeller. Dortmund verteidigte mit großem Einsatz und war mit dem Nullnull zur Pause gut bedient.

In der zweiten Halbzeit musste Bayerns Trainer Louis van Gaal für den schädelgeprellten Abwehrchef Daniel van Buyten seinen schon halb wegsortierten Verteidiger Martin Demichelis einwechseln, der mit zwei Patzern zum Dortmunder Talisman avancierte. In der 52. Minute brachte er mit einer matten Kopfballabwehr Sven Bender und Lucas Barrios ins Spiel, der das Einsnull machte; acht Minuten später holte Mats Hummels gegen den handspielenden Demichelis einen Freistoß heraus, den Nuri Sahin wie geträumt zum Zweinull verwandelte. Lucas Barrios zeigte wenig später noch einmal seine Klasse, löffelte den Ball zaub'risch durch diverse Bayern-Beine, trat in Hochgeschwindigkeit an, suchte in fliegendem Lauf umsichtig und voller Ruhe nach eventuell besser postierten Mitspielern, fand keinen und zog dann selbst ab – der Pfosten rettete die Bayern vor dem dritten Dortmunder Treffer. Während die Münchner ihrerseits den Ball kurz vor Spielende nicht einmal aus zwei Metern Entfernung über die Torlinie zu bringen vermochten.

So gewann Borussia Dortmund verdient glücklich gegen Bayern München. Ich hatte das, so fernab jeder esoterischen Anwandlung mein Leben verläuft, ganz sicher gewusst. Denn am 1. Oktober 1995 hatte Freund Fritz Eckenga mich erstmals ins Dortmunder Stadion gebeten, einem Spiel gegen Bayern München. So kam ich zum ersten Mal ins Westfalenstadion; als ich es verließ, hatten wir Dreieins gewonnen. So rasch vollzieht sich manchmal der Schritt vom Ich zum Wir.

Nach dem Spiel wurde ich zum Dortmunder Glücksbuddha bestellt und seither als solcher schon mehrfach wiederverwendet. Auf zwei Tage genau 15 Jahre nach meinem Initiationsritus war es wieder soweit – auch im Dortmunder Egal-geh-du-ma'-Park funktionierte der Zauber. Glücksbuddhismus? Voodoo mir, so ich dir? Egal – das Glück war mit den Dortmundern.

Heimat, regional, global?

Oder mal ins Tanzlokal?

»Heimat«, sagt mein Kollege und Freund Franz Dobler, »Heimat ist da, wo man sich aufhängt.« Dobler stammt aus Bayern, wo man so etwas gar nicht gern hört, weil der Heimatbegriff dort ein ganz besonders angestrengter, verbissener und durchlogener ist: Gerade wer jeden Flecken Erde bei erstbester Gelegenheit meistbietend verscherbelt, muss mit angeblicher Heimatliebe hochstapeln und hausieren gehen. Heimattümelei ist ein einträgliches und abstoßendes, allerdings auch sehr durchschaubares Geschäft. Man nennt es auch Tourismusmarketing.

Peinliche Erwerbsfolklore auf der Basis chronischer Horizontverengung ist aber schon längst kein Privileg breitreifenbayrischer Lautsprecher mehr. Auch überall sonst im Land wird das Gebräu aus provinzieller Beschränktheit, Kungelei und Freude am Eigenreibach als Tradition bezeichnet; das Vorzeigen von Lokal- und Regionalpatriotismus hat Pflichtcharakter angenommen. Die Fadenscheinigkeit der demonstrativen Liebe zum eigenen Mief scheint den Patrioten ebensowenig peinlich zu sein wie der Mief selbst; man schließt sich im Gegenteil zu allerlei lokalen und regionalen Verbänden und Initiativen zusammen, denn das Bekenntnis zu jeweiliger Herkunft und Scholle ist das Eintrittsbillet in den Heimatwirtschaftsverein, in dem der Gang der Geschäfte geregelt wird. Wenn die Jungs mit den goldenen Eiern aus Bayern sind, liebt man aus tiefster Seele Bayern; stammen sie aus Münster, hat man eben noch niemals etwas so lieb gehabt wie das Münsterland. Oder welchen Strich im Land auch immer.

»Ubi bene, ibi patria«, wussten die Römer – wo es mir gut geht, da ist mein Vaterland. Das zeugt von klarem Verstand und ist als Definition so angenehm distanziert wie aufrichtig und entspannt. Meine Adaption des lateinischen Diktums lautet:

Schön ist die Heimat,
so man sie hat.
Schön auch der Hering,
besonders der Brat-

Wenn ich mir selbst ein Urteil erlauben darf: Der Vierzeiler ersetzt die komplette Ausgabe der Schriften Martin Walsers, spart also jede Menge Platz im Regal und ist vor allem viel unterhaltsamer als das Gegnattere jedweder Heimatbolde und Identitäterä-Trompeter.

Selbstverständlich kann man eine Landschaft lieben. Es gibt Landschaften, in denen man sich aufgehoben und angeschoben fühlt; sie sind einem ans Herz gewachsen, man möchte sie so erhalten, wie sie sind (beziehungsweise wie man sie sieht), man möchte sie wohlbehütet wissen. Ohne dass man genau erklären könnte, warum, pustet ihr Anblick Wind in die Segel, sie beschwingen und wirken wie eine Musik, die man liebt oder wie ein Wein, den man besonders mag. Unvorsichtigere sprechen in diesen Gefühlslagen von Schöpfung und Gott. Eines aber ist all diesen Empfindungen wesensgleich: Sie bedürfen keiner Vereinszugehörigkeit, sie sind ganz individuell und für andere weder gültig noch verbindlich. Und vor allem gibt es für niemanden eine Pflicht, das – oder sogar ausschließlich das – zu lieben, in das er ohne jedes eigene Zutun hineingeboren wurde.

An welchem Ort einer geboren wird, mögen andere – seine Eltern, die Zeitläufte – bestimmt haben; für ihn selbst ist das Zufall, er hat nichts dazu getan und kann nichts dafür. Für alle, denen die Brust oder der Kamm schwillt vor Stolz, wenn sie von ihrer lokalen, regionalen oder nationalen Abkunft sprechen, ist vor langer Zeit ein Sprichwort gemacht worden: Dummheit und Stolz sind aus demselben Holz. Wie albern ein eindimensionaler Heimatbegriff ist, erweist sich, sobald man einmal den Plural verwendet: Heimat, einzig unter den Heimaten. Das relativiert ungemein. Im Duden existiert der Plural von Heimat zwar nicht, doch gibt es nachweislich Heimaten, denen mancher, der sich dort nicht zuhause, sondern nur als Insasse fühlt, so rasch wie möglich entweicht, sobald er laufen, sehen, hören, denken und, dem entsprechend, zu handeln gelernt hat.

Dass man eben überhaupt nicht dazu verurteilt ist, sein Leben lang dem anzugehören, in das man hineingeworfen wurde, hat etwas ungeheuer Tröstliches. »Etwas Besseres als den Tod findest du überall«, heißt es in Grimms »Bremer Stadtmusikanten« – die, als Vagabunden fliehend, verglichen mit ihrem vorherigen Leben als Gefangene dann leben wie Nomaden im Speck.

Als der Journalist Klaus Bölling mich 1988 einen »westfälischen Zigeuner« nannte; empfand ich das, wie auch immer er es gemeint hatte, als Kompliment. Den Westfalen wird ja gern nachgesagt, sie klebten geradezu zwanghaft an der eigenen Scholle und seien des Herumzigeunerns ohnmächtig. Selbstverständlich kann man jedes Klischee von angeblicher oder tatsächlicher heimatlicher Prägung mannigfach bestätigt finden; es ist aber auch immer alles andere möglich. Und diese Erkenntnis humanisiert den Heimatbegriff doch beträchtlich: Man muss sich nicht aufhängen, um eine Heimat zu finden.

Auf alle, die entkommen!

Mit 17 hat man schon Träume

Es gibt schöne Geschichten von Jungs, die fischen und jagen können und dennoch niemandem etwas zu Leide tun – Mark Twains *Huckleberry Finn*, das Buch, von dem laut Ernest Hemingway die ganze moderne amerikanische Literatur abstammt, ist so eine Geschichte. Selbst als der junge Huck, nachdem er von seinem betrunkenen Vater brutal verprügelt wurde, den schlafenden Gewalttäter anschließend mit der Flinte bewacht, kommt er nicht ernsthaft auf die Idee, ihn zu erschießen. Er möchte nur seine Ruhe haben. Huckleberry Finn ist ein freier Mensch, und freie Menschen morden nicht.

In der Wirklichkeit des Konsumismus ist die Idee der Freiheit pervertiert zum Recht, etwas herzustellen und mit Profit zu verkaufen, ohne im Mindesten dafür verantwortlich zu sein, was damit geschieht. Man darf Waffen produzieren und verkaufen, Instrumente, die nichts anderes bringen als den Tod und zu nichts anderem nütze sind. Eventuell eintretende Folgen gehen die Hersteller und Verkäufer nichts an, sie äußern Bedauern, zucken die Achseln und machen weiter. Sie zwingen schließlich niemanden, Waffen im Dutzend und tausende Schuss scharfer Munition zu kaufen und zu horten.

Wer nicht alle Tassen im Schrank hat, sucht Ersatz – und packt sich Waffen in den Schrank. Das Wort »Waffen-Narr« sagt es ja deutlich: Wer Waffen sammelt, ist närrisch, gefährlich närrisch. Der Vater des minderjährigen Tim Kretschmer brachte seinem Sohn bei, wie man mit tödlichen Waffen trifft. Dass es von solchen Vätern nichts zu lernen gibt, lernte Tim Kretschmer nicht. Am 11. März 2009 lief der 17-jährige Realschüler in Winnenden Amok und ermordete 15 Menschen. Seine ersten Opfer waren drei Mädchen, die er von hinten erschoss. Von vorn auf seine Mutter und auf seinen Vater zu schießen oder, viel besser, von ihnen wegzugehen, traute er sich offenbar nicht; jedenfalls war er nicht klug und nicht frei genug dazu.

Das Haus, in dem der jugendliche Mordschütze lebte, war mit einer Alarmanlage und Überwachungskameras gesichert. Kein Prekariat lebt hier, kein Proletariat. Tim Kretschmers Vater ist ein erfolgreicher Geschäftsmann, der es zu finanziellem Wohlstand gebracht hat. In seinem Haus regierte die Angst – die mit Sicherheitssystemen und mit Waffen in Schach gehalten werden sollte. Eigentum verpflichtet, notfalls zum Schusswaffengebrauch. Wie das geht, kann man gemeinsam mit anderen Angsthasen im Schießverein erlernen. Es ist ganz legal; seelisch Derangierte organisieren sich, nennen das Sport und verleihen der alten These »Sport ist Mord« auf hässlichste Weise Exaktheit und Plausibilität. Warum solche Leute gewähren lassen? Waffenhändler muss man juristisch behandeln wie Heroinhändler – und Waffenkäufer wie die Junkies, die sie sind. Davon wollte der damalige Bundesinnenminister Wolfgang Schäuble nichts wissen; Waffen sind ein Geschäft, und nach hiesiger Auffassung sind Politik und Justiz dazu da, den reibungslosen Gang der Geschäfte zu garantieren.

Wo gehobelt wird, da wird auch geheuchelt; der selbstmitleidige öffentliche Tränenfluss ist die Kehrseite der Brutalität. Das günstigste an jeder demonstrativen medialen Flennsuserei ist: Sie kostet nichts, weder eine eigene Haltung noch eine fremde Wählerstimme. Nach dem Massaker von Winnenden versammelten sich die Trittbrettfahrer von Religion und Politik wie auf Knopfdruck zum öffentlichen Simulationsdienst; die zuverlässig simpel gestrickte, mediennotorisch aufdringliche

Margot Käßmann sprach in Stoiberdeutsch von »Erziehungskompetenz« und »medienpädagogischer Kompetenz«. Zur Trauerfeier für die Opfer des Amoklaufes läuteten alle Baden-Württembergischen Kirchenglocken die verbliebenen Gehirne zu: bim-bam, bim-bam, dingeling-ding-dong-dong, und der Bischof der Evangelischen Landeskirche in Württemberg war ganz stolz auf diese gleichermaßen anflanscherisch-abgreiferische wie hysterische Aktion.

Dem Trauergottesdienst schloss sich ein Staatsakt an, an dem das Teletubbie Horst Köhler, die FDJ-Mutti Angela Merkel und der semidebile Günther Oettinger teilnahmen – letzterer ein Experte, der den nationalsozialistischen Karrierejuristen Filbinger zum Widerstandkämpfer verklärte und von Mordbuben also etwas versteht.

Gottesdienst und Staatsakt wurden live von der ARD ausgestrahlt, es gab Übertragungen auf Großbildleinwänden. Angesichts der Massenästhetik von Fanmeile und Fußballplatz im Namen der Trauer hätten labilere 17-jährige, die sich von diesem Ölfilm aus Politik, Religion und Medien behelligt und drangsaliert sahen, durchaus den allerdings zu kurzen Gedanken fassen können, dass Reinschießen auch Wohlfühlen bedeuten werde. Hätte Tim Kretschmer ein gutes Dutzend Investment-Banker gerichtet, er wäre für nicht wenige Leute ohnehin ein Volksheld geworden.

Man kann sich nur wegdrehen vom weltanschaulich-religiös-medialen Gebräu aus Brutalität, Wehleidigkeit und Heuchelei. Wo es weder Liebe noch Freiheit gibt, müssen sich die Huckleberry Finns dieser Welt mit den paar Gleichgesinnten durchschlagen, die sie finden. Es sind wenige genug; ihnen allen ein Toast aus David Hares großem Film »Wetherby«, gesprochen von Vanessa Redgrave: »Auf alle, die entkommen!«

Friedlich, fröhlich, missbraucht und tot

»The Art of Love« lautete das Motto der Loveparade 2010 in Duisburg: die Kunst der Liebe. Was vom Marketing ins Schaufenster gestellt wird, ist hinterher nicht am Lager. 21 Menschen bezahlten für den Betrug – beziehungsweise für ihre Teilnahme an dem aufdringlichen Massenschwindel – mit ihrem Leben, etwa 500 weitere wurden verletzt. Die Verlautbarungen der Kondolenzkamarilla ließen nicht lange auf sich warten: Merkel, Wulff et cetera versicherten sich selbst ihrer Fähigkeit, Schmerz, Trauer, Entsetzen und ähnliche Mediengefühle auszustellen. Wider solch routiniert vollzogene Ausscheidungen hilft das antidotische Reimen:

> Mensch, bleibe heiter, du kennst es ja schon:
> Je hohler, je pleiter, desto mehr Inflation.

Politikerhafte Pietätsheuchelei muss man den meisten der verbliebenen Loveparade-Teilnehmern immerhin nicht vorwerfen; sie feierten einfach weiter. »Was sollten wir machen?«, klagten ein »Lars« und ein »Alka« einem *WDR-1LIVE-Update*-Radioreporter. »Wir kommen aus Heilbronn!« Das mag manchem allzu läppisch klingen; wer aber Heilbronn kennt, muss den schlichten Jungs Recht geben: Was sollten sie machen? In Heil!bronn allerdings werden der Lars und der Alka das niemals erfahren.

Andere Raver, andere Schmerzen: »Es war fast wie Silvester – kein Netz!«, monierte empört eine »Agnes«, und zwei weitere Loveparade-Besucherinnen sekundierten: »Das Netz war so überlastet – man konnte kaum telefonieren.« Ärgerlich, ja empörend ist es, wenn der Kundenservice streikt – vor allem, wenn man außer Kundesein nichts gelernt hat. Die Damen jedenfalls fanden die Vorgänge in Duisburg »voll krass«, und die Moderatorin sprang ihnen bei: »Das ist der absolute Wahnsinn!« So werden neue Eissorten beworben oder spektakuläre Fußballergebnisse kommentiert – oder eben frisch Verstorbene, medial ist ja eh alles eins. Ein Land ohne Sprache ist ein Land ohne Verstand.

Stattdessen hat es Bilder: Glotz-und-Gaff-Ware, milliardenfach. Wie sagen es die TV-Kameraden selbst: »Wir kommen ja mehr vom Bild her.« Während ich mich noch fragte, warum immer die dümmsten Nüsse überleben und das auch noch allen erzählen müssen, hörte ich weiter *WDR-1LIVE Update* – die Moderatorin sprach mit den Ich-bin-hier-draußen-schwer-professionell-vor-Ort-Reportern über Menschen, die tatsächlich gestorben waren, und alles war mit lockeren Beats unterlegt. Das Inhumane hat viele Gesichter – eins davon ist die dauermusikgestützte, plaudernde Party-Visage samt Plapperzunge, die alles in die Breite schwatzt und, sei es nur aus Furcht vor Entdeckung der eigenen Flachheit, jede potentielle Tiefe unterbindet.

> Es winden sich die Hirne,
> es singt der Rundfunkchor:
> Je weicher die Birne,
> desto härter das Brett davor.

Am erstaunlichsten an der ganzen Angelegenheit aber war, dass niemand abließ zu jammern, »friedliche und fröhliche junge Menschen hätten doch nur feiern und ihren Spaß haben wollen« – obwohl die sich den von ein paar Abgängen doch gar nicht verderben ließen. Die unnz!-unnz!-stumpfe Techno-Masse leugnet ja nicht, dass es Kollateralschäden gibt – und überlässt das händeringende Bedauern darüber den professionellen Glitsch- und Glibber-Konfektionisten aus Politik und Medien. Die ihrerseits dann große Gefühle entdecken für Leute, denen nur eine Rolle zugedacht ist: die von Brot-und-Spiele-Empfängern.

Und die sich Brotersatz und miese Spiele ja auch gefallen lassen: »Unterstützt von seiner Lebensgefährtin Sandy Meyer-Wölden, McFit und BILD.de« war Oliver Pocher aufgeboten, bei der Loveparade zu moderieren. »Ein Traum wird wahr: Ich werde aus dem Auge des Hurrikans der wummernden Bässe die größte Party der Welt in die Wohnzimmer bringen.« Verkündete Pocher, Kretin aus Herkunft, Neigung und Was-soll-ich-denn-sonst-machen?-Profession. In der Medienkreatur Pocher ist die ganze Gemeinheit und Niederträchtigkeit einer deutschen WM-Fanmeile gebündelt. Der größten Party der Welt und aller Zeiten stand Pocher vor, quasi als GöPaZ.

Soviel zu fröhlich und friedlich – aber so ist das mit den deutschen Sommermärchen: Sie sind eben keine Volkserzählungen mit wahrem Kern, sondern im Gegenteil kalkulierte, glatte Lügen. Die Grünen, gleichermaßen Sputum wie Rektum aller Politik, leierten das gängige Repertoire noch einen Tick hysterischer herunter. »Aus einem friedlichen Fest, das fröhliche Menschen feiern wollten, ist eine Tragödie geworden.« Woher sollte auch ausgerechnet ein Grüner wissen, dass Tragödien einer Mindestgröße bedürfen?

Ein ähnliches deutsches Sommermärchen wie in Duisburg hatte sich kurz zuvor in einem Ferienheim auf der Insel Ameland zugetragen, wo Osnabrücker Halbwüchsige ihre Befähigung unter Beweis stellten, schon bald in der Bundeswehr zu Rang und Ansehen zu gelangen. Geschult am Vorbild erwachsener Soldaten, die in Kasernen ihre »Kameraden« quälen und foltern, missbrauchten sie Schwächere und Wehrlose sexuell, demütigten sie und zeigten, dass man es auch als Rotzbengel schon faustfick hinter den Ohren haben kann, wenn man nur entschlossen ist, das zu wollen, was in der deutschen Sprache unter »Spaß haben« firmiert. Während die anwesenden Erzieher weder Schreie noch Klagen noch von dem Böswort »fisten« je etwas gehört haben wollten.

So wirken die jugendlichen Nachwuchsfolterer und Sadisten sonderbar emanzipiert. Sie lassen sich nicht nur von Eltern, Erziehern, Priestern, Pädagogen schlagen, drangsalieren und missbrauchen, sondern übernehmen diese Rolle gegebenenfalls selbst. Der Bischof Mixa, um es an nur an einem Beispiel zu zeigen, konnte getrost pensioniert werden; er wurde nicht mehr gebraucht. Seine Mission ist beendet; er hat Kindern alles beigebracht, was er wusste und konnte, und er hat es nach Kräften an sie weitergegeben. Wobei Mixa aber eben nur Pars pro toto ist. Beziehungsweise Pars pro Popo.

Ein Besucher der Duisburger Loveparade brachte die Lebensverhältnisse zu Beginn des dritten Jahrtausends auf den Punkt: »Ich wusste, wenn wir einmal am Boden liegen, werden die Leute über uns drübertrampeln.« Unsere Kleinen haben gut von den Erwachsenen gelernt und ihre Lektion begriffen. Um zu handeln, bedürfen sie weder der Kirche noch der Bundeswehr; Missbrauch und Krieg können sie inzwischen schon ganz alleine. Was dabei entsteht, nennt man deutsche Sommermärchen oder die Kunst der Liebe, Update und Upgrade 2010.

Stuttgarter Lehrstunden

Stuttgart 21 ist eine Lektion. So deutlich wurde seit langem nicht mehr sichtbar, was von einer durch den Niedergang des Sozialismus konkurrenzlos gewordenen Demokratie übrig bleibt: Ihre Fassade bleibt stehen, ihre Inhalte werden aufgelöst und abgeschafft. Konzessionen müssen nicht länger gemacht werden, Politik schrumpft auf die Aufgabe zusammen, den reibungslosen Gang der Geschäfte zu sichern und das Volk mit künstlichem Brot und Massenspielen ruhig zu stellen.
Dazu bedarf es einer hoch diversifizierten Verblödungsindustrie, die Fanmeilenexzesse ebenso im Portefeuille hat wie das, was ein digitaler Neandertaler mit Universitätsabschluss braucht, um sich intelligent zu dünken. Während die Masse auf unterschiedliche Weise versechsjährigt wird, macht ein Konsortium aus Kapital, Banken, Versicherungen, Wirtschaft, Industrie und der dazu bestallten Politik samt den assoziierten Medien ohne nennenswerte Reibungsverluste ihre Geschäfte. Dem Wahlvolk kommt die Aufgabe zu, die Vorgänge kurz abzunicken – und sie mit Steuergeld zu finanzieren. Ansonsten hat es die Klappe zu halten.
Als offenkund wurde, dass es bei Stuttgart 21 nicht um einen Bahnhof geht und nicht um schnellere Zugverbindungen, sondern um ein riesiges Immobiliengeschäft zugunsten weniger und zu Lasten der allermeisten, fiel das Volk aus der ihm zugewiesenen Rolle, stellte Fragen und protestierte. Dass dieser in Deutschland seltene Fall ausgerechnet im Schwabenland stattfand und stattfindet, scheint einigen Betrachtern verwunderlich, ist es aber nicht: Es sind vergleichsweise Wohlhabende, die auf die

Straße gehen. Sie haben noch etwas, das man ihnen wegnehmen kann, und sie wollen es nicht kampflos aufgeben. Das Prekariat wurde zuvor ja schon abgemeiert, und das brutale Beispiel sorgt für Widerstand bei den Bürgern. Die Ärmeren waren ihnen wurscht, nun aber geht es ans eigene Eingemachte. Das ist kein moralischer Anwurf meinerseits – es ist bloß so.

Genau diese Tatsache aber haben die Vertreter der Politik ignoriert; nach außen hin gewählte Volksvertreter, haben die bezahlten Lakaien das Ausmaß und die Stabilität des bürgerlichen Unmuts unterschätzt. Das Bürgertum hat schlicht die Nase voll davon, rund um die Uhr dummdreist angelogen und ausgeplündert zu werden. Als es dann auch noch die Staatsgewalt zu spüren bekam wie ein ordinärer schwarzer Block und mit Knüppel und Wasserwerfer martialisch traktiert wurde bis hin zur physischen Erblindung – eines der Polizeiopfer verlor ein Auge –, ging dem Bürgervolk ein Licht auf: Es sah, wo es lebt und wie man es behandelt, wenn es nicht spurt. Diese demokratische Grunderfahrung, die andere schon Jahrzehnte vorher machten, wenn sie beispielsweise bei öffentlichen Rekrutenvereidigungen von ihren verfassungsmäßig garantierten Rechten auf Versammlung und Meinungsäußerung Gebrauch zu machen versuchten, konnten die Gegner von Stuttgart 21 nachholen.

Es war eine Lehrstunde. Technisch und militärisch hochgerüstete Polizeieinheiten gingen mit exquisiter Grausamkeit gegen ungeschützte Zivilisten vor, von denen die meisten Jugendliche, alte Leute und Frauen mit Kindern waren; genau dieses wurde den friedlich Protestierenden später als ganz besondere Heimtücke ausgelegt: Sie hätten sich ja absichtsvoll wehrlos gemacht, um den Polizeieinsatz in ein schlechtes Licht zu rücken. Außerdem seien die Demonstranten keinesfalls friedlich geblieben, sondern hätten die Polizei angegriffen. Tatsächlich hatten einige Jugendliche mit Kastanien nach panzeruniformierten Polizisten geworfen.

Die Maske war gefallen, die Fassade dahin, zu betrachten war die Realität des wiedervereinten Deutschland in seinem zwanzigsten Jahr. Der baden-württembergische Ministerpräsident Stefan Mappus, in dieses Amt nicht gewählt, sondern nachgerutscht, forderte am Tag nach den polizeilichen Gewaltexzessen wörtlich: »Diese Bilder dürfen sich nicht wiederholen!« Sprache ist wunderbar, sie bringt alles zutage: Es sind Bilder, die sich nicht wiederholen dürfen. Mappus' Diktum war auch eine Aufforderung an die Werbeagenturen, ihre Kampagnen zugunsten von Stuttgart 21 deutlicher zu gestalten. Der Wink wurde verstanden; als Antwort auf die Parole der S 21-Gegner, »Oben bleiben!«, bastelten die hochdotierten PR-Experten der Befürworter einen Slogan, der zu ihnen passt: »Tu ihn unten rein!«

Was sie von der Wahrnehmung demokratischer Rechte halten, hatten die S 21-Betreiber ja schon offenbart; nun wollten sie zeigen, dass sie Humor hätten, wussten aber nicht, was das ist und entblößten ihre nassen Unterbuxen: »Tu ihn unten rein!« Da war sie ganz bei sich, die Zivilisiertheit und Modernität, die S 21-Befürworter so gern für sich in Anspruch nehmen.

»Papa war voll eklig«

Familiendrama im Hause von Karl Theodor zu Guttenberg: Töchter töten Vater in Notwehr

Eben noch von *Focus* zum »Mann des Jahres« ernannt und, leicht kryptisch, als »konservativer Erneuerer« gefeiert, musste sich Karl Theodor zu Guttenberg von seinen politischen Ambitionen verabschieden. Der Bundesverteidigungsminister wurde, von Maschinenpistolengarben durchsiebt, tot in seinem Haus aufgefunden. Seine beiden Töchter, acht und neun Jahre alt, sind voll geständig.

Es geschah nach der *Kerner*-Sendung am 16.12. 2010. Karl-Theodor zu Guttenberg und seine Frau Stephanie geborene Bismarck, sahen gemeinsam mit ihren beiden Töchtern Nora-Jacqueline (9) und Sandra-Pascale (8, beide Namen geändert) den Auftritt des Ministers mit Kerner in Afghanistan an. Die Töchter waren müde und quengelten, sie wollten lieber ins Bett – schließlich müssten sie ja anderntags zur Schule. Doch die Eltern, strenge Konservative, blieben fest. Diese Sendung sei wichtig, schärften sie ihren Töchtern ein und rüttelten sie auch jedes Mal wach, wenn eine der Kleinen übermüdet einschlief.

Vater zu Guttenberg hatte aus Afghanistan die Maschinenpistole eines getöteten deutschen Soldaten mitgebracht und erklärte seinen Töchtern die Waffe. Als diese darum baten, lieber schlafen oder wenigstens im Bett mit ihren Puppen spielen zu dürfen, eskalierte die Situation zum ersten Mal. Guttenberg schnauzte seine Töchter an: »Das sind Helden! Deutsche Helden! Und ihr schaut euch das an!« Mutter Stephanie sekundierte: »Euer Papa ist auch ein deutscher Held! Seid stolz auf ihn, sonst gibt es morgen Senge statt Nachtisch!«

Die Kinder zogen einen Flunsch und ließen die Talmi-Orgie ihres Erzeugers und des Speichelfäden ziehenden Moderators über sich ergehen. Guttenberg betrachtete angelegentlich seinen Fernsehauftritt, runzelte die Stirn, schritt zu einer der vielen Spiegelwände seines Hauses und machte einen Frisurenabgleich. Die Kinder nutzten die Gelegenheit, um aus dem Fernsehzimmer zu entwischen – doch Vater und Mutter Guttenberg fingen die ungezogene Brut justament wieder ein und setzten sie mit harter Hand ins Sofapolster. »Es wird gekuckt, was auf den Tisch kommt!«, brüllte zu Guttenberg; den Kindern wurde langsam mulmig zumute.

»Papa sah aus wie einer von den Männern, von denen uns Mama immer erzählt«, sagte Nora-Jacqueline später bei der von ihrer Mutter Stephanie zu Guttenberg geborene Bismarck rasch einberufenen Pressekonferenz. »Er hat ganz böse gekuckt, und Mama hat uns doch gesagt, dass es Männer gibt, die gemein zu Kindern sind.« Schwesterchen Sandra-Pascale ergänzt: »Mamas Sendungen mussten wir auch immer anschauen. Danach hatten wir immer solche Angst. Aber Mama hat gesagt, das muss sein. Wegen später einmal oder so.« Sie beginnt zu weinen.

Ihre ältere Schwester wirkt gefasst. »Papa war so peinlich«, erklärt Nora-Jacqueline. »Immer hat er uns erzählt, dass er Mama auf der Love Parade kennengelernt hat. Und uns AC/DC vorgespielt. Aber als er uns ins Internet gestellt hat, wurde es ganz schlimm.« Die Neunjährige liest einen Computerausdruck vor: »»Eine meiner kleinen Töchter, der ich versuchte, diesen Karfreitag und meine Trauer zu erklären, fragte mich, ob die drei jungen Männer tapfere Helden unseres Landes gewesen seien und ob sie stolz auf sie sein dürfte. Ich habe beide Fragen nicht politisch, sondern einfach mit ja beantwortet.‹ Das hat

Papa geschrieben. Aber wir haben ihn das nie gefragt. Nie! Und wir wollten selber auch keine Helden werden.«

Sandra-Pascale schnieft: »Dann ging alles ganz schnell. Papa wurde rot und hat gebrüllt, wir müssten unsere Eltern ehren, sie wären für uns so etwas wie Joseph und Magdalena. Wir haben das nicht verstanden, aber er sah voll eklig aus, und da haben wir richtig Angst gehabt und Nora hat dann...«

»Bist du wohl still!«, zischt Mutter Stephanie zu Guttenberg geborene Bismarck ihre Tochter an und erklärt die Pressekonferenz für beendet. Die Beerdigung ihres Gatten soll im größten Medienkreis stattfinden, seine Frisur aber der Nachwelt erhalten bleiben und in einem verglasurierten Schrein ausgestellt werden. Ihre Sendung bei RTL 2 möchte Stephanie zu Guttenberg geborene Bismarck »unbedingt behalten«. Als privater Nachfolger bei der lustigen Witwe sind Kai Diekmann und Tim Wiese im Gespräch.

Inhalt

Jesus und die Lärmbolde – 5
Restgast in der Ochsenreuse – 10
Die Renaissance der Raucherecke – 16
Happy bei »Happi-Happi« – 20
Von Schampelmännern und Bovisten – 25
Füdliblutt – 31
Bardiert und nappiert – 34
Wenn der Berliner kommt... – 36
Aus der Mückengaststätte – 39
Anmerkungen über die Übergangsjacke – 41
Pilgerstrom – 43
Krise in der Loderhose – 45
Vom Niedergang der Sülze – 47
Dicke Denke an der Raste – 50
Inter esse oder Interessen? – 52
Murmeltier und Hechtsuppe – 55
Damen- und Herrendämmerung – 57
Jesus aus dem Frost – 60
Inseln pinseln – 63
Fontane mit Blauhelm? – 66
Von der Armleuchteralge zur Pedantencreme – 70
Auf sie mit Idyll! – 75
Mehr Licht in Wernigerode – 80
Ein überbordender Wuppdich – 84
Göttinger Bernstein – 88
Das kleine Gelbe – 90
Die Freuden der Vernunft – 93
»Ich reiße jetzt das Schlusswort an mich« – 98
Der Försterballbär – 102
Moha, Mett und Onkelzdeutsche – 106
Die reinste Liebe wird vergossen im Vorbei – 107
Empor ins Reich der Edeltürken – 116

Blondinen für den Bischof – 122
Der leere Spiegel – 130
Der Innenweltraumforscher – 134
Gabardinehosen und schwarz behaarte Hände – 136
Mein erster Literaturpreis. Eine Gastgeschichte von
Rayk Wieland – 139
Die eukalyptischen Reiter – 146
Lieder für immer – 149
Schön schlicht und schlicht schön – 152
Den Regen spüren, wenn man tot ist – 154
Schlaglöcher und andere Freuden – 157
Broken English – 159
Ein Bupp von 70 Lenzen – 161
Auch mal länger liegen bleiben – 163
Alles recht, der Herr? – 167
Von phallisch fall isch doch nisch um – 169
Wenn der Akzent im Piment zu sehr brennt – 172
Ein irischer Vulkan – 175
Fußball, die Sprache aus Leder – 181
Der Strafraum – 184
Die Rückkehr des Glücksbuddhas – 187
Heimat, regional, global? Oder mal ins Tanzlokal? – 189
Auf alle, die entkommen! – 192
Friedlich, fröhlich, missbraucht und tot – 195
Stuttgarter Lehrstunden – 199
»Papa war voll eklig« – 202

Aus der Reihe Critica Diabolis

21. *Hannah Arendt,* Nach Auschwitz, 13,- Euro
45. *Bittermann (Hg.),* Serbien muß sterbien, 14.- Euro
55. *Wolfgang Pohrt,* Theorie des Gebrauchswerts, 17.- Euro
65. *Guy Debord,* Gesellschaft des Spektakels, 20.- Euro
68. *Wolfgang Pohrt,* Brothers in Crime, 16.- Euro
112. *Fanny Müller*, Für Katastrophen ist man nie zu alt, 13.- Euro
116. *Vincent Kaufmann,* Guy Debord – Biographie, 28.- Euro
118. *Franz Dobler*, Sterne und Straßen, 12.- Euro
119. *Wolfgang Pohrt*, FAQ, 14.- Euro
125. *Kinky Friedman*, Ballettratten in der Vandam Street, 14.- Euro
127. *Klaus Bittermann*, Wie Walser einmal Deutschland verlassen wollte, 13.-
129. *Robert Kurz*, Das Weltkapital, 18.- Euro
130. *Kinky Friedman*, Der glückliche Flieger, 14.- Euro
131. *Paul Perry*, Angst und Schrecken. Hunter S. Thompson-Biographie, 18.-
135. *Ralf Sotscheck*, Der gläserne Trinker, 13.- Euro
138. *Kinky Friedman*, Tanz auf dem Regenbogen, 14.- Euro
139. *Hunter S. Thompson*, Hey Rube, 10.- Euro
145. *Kinky Friedman*, Katze, Kind und Katastrophen, 14.- Euro
153. *Fanny Müller*, Auf Dauer seh ich keine Zukunft, 16.- Euro
154. *Nick Tosches*, Hellfire. Die Jerry Lee Lewis-Story, 16.- Euro
155. *Ralf Sotscheck*, Nichts gegen Engländer, 13.- Euro
156. *Hans Zippert*, Die 55 beliebtesten Krankheiten der Deutschen, 14.- Euro
160. *Hunter S. Thomspon*, Die große Haifischjagd, 19.80 Euro
161. *Bittermann & Dobler (Hg.),* Smoke that Cigarette, 15.- Euro
162. *Lester Bangs*, Psychotische Reaktionen und heiße Luft, 19.80 Euro
163. *Antonio Negri, Raf V. Scelsi*, Goodbye Mr. Socialism, 16.- Euro
164. *Ralf Sotscheck*, Nichts gegen Iren, 13.- Euro
165. *Wiglaf Droste*, Im Sparadies der Friseure, Sprachkritik, 12.- Euro
166. *Timothy Brook*, Vermeers Hut. Der Beginn der Globalisierung, 18.- Euro
167. *Zippert*, Was macht eigentlich dieser Zippert den ganzen Tag, 14.- Euro
170. *Bittermann (Hg.),* Unter Zonis, 20 Jahre reichen so langsam, 15.- Euro
171. *Harry Rowohlt, Ralf Sotscheck*, In Schlucken-zwei-Spechte, 15.- Euro
172. *Michela Wrong*, Jetzt sind wir dran. Korruption in Kenia, 22.- Euro
173. *einzlkind*, Harold, Toller Roman, 16.- Euro
174. *Wolfgang Pohrt*, Gewalt und Politik, Ausgewählte Schriften, 22.- Euro
176. *Heiko Werning*, Mein wunderbarer Wedding, 14.- Euro
177. *Wiglaf Droste*, Auf sie mit Idyll, 14.- Euro
178. *Kinky Friedman*, Zehn kleine New Yorker, 15.- Euro
179. *Christian Y. Schmidt*, Zum ersten Mal tot, 14.- Euro
180. *Jane Bussmann*, Von Hollywood nach Uganda, 20.- Euro
181. *Ralph Rumney*, Der Konsul. Autobiographisches Gespräch, ca. 16.- Euro
182. *Sue Townsend*, Adrian Mole. Die schweren Jahre nach 39, ca. 20.- Euro
183. *James Lever*, Ich, Cheeta. Die Autobiographie, Roman, ca. 18.- Euro
184. *Guy Debord*, Ausgewählte Briefe. 1957-1994, ca. 28.- Euro
185. *Klaus Bittermann*, The Crazy Never Die, ca. 15.- Euro
186. *Hans Zippert*, Aus dem Leben eines plötzlichen Herztoten, ca. 15.- Euro

http://www.edition-tiamat.de